La distancia entre nosotros

Versión juvenil

La distancia entre nosotros

Versión juvenil

REYNA GRANDE

Traducción de Raúl Silva de la Mora, Alicia Reardon y Reyna Grande

Aladdin

Nueva York Ámsterdam/Amberes Londres
Toronto Sídney/Melbourne Nueva Delhi

La distancia entre nosotros

Versión juvenil

Este es un libro de memorias. Es el reflejo de los recuerdos que hoy tiene la autora sobre sus experiencias a lo largo de varios años.

ALADDIN
Un sello editorial de la División Infantil de Simon & Schuster
1230 Avenida de las Américas, Nueva York, Nueva York 10020

Diseño de la portada de Laura DiSiena
Traducción de Raúl Silva de la Mora, Alicia Reardon y Reyna Grande
Originalmente publicado en inglés en 2016 por Aladdin como
The Distance Between Us Young Readers Edition

Diseño del interior del libro de Ginny Chu
El texto de este libro usa la fuente Geller.
Fabricado en los Estados Unidos de América 1025 BID
Primera edición en español de Aladdin, enero de 2026
2 4 6 8 10 9 7 5 3 1
Los datos de este libro están disponibles en la Biblioteca del Congreso de los Estados Unidos.
ISBN 9798347102655 (tapa dura)
ISBN 9798347102648 (rústica)
ISBN 9798347102662 (edición electrónica)

A mi hermana, Mago, mi pequeña madre

—R. G.

Primera parte

MI MAMÁ ME AMA

1

—No me voy por mucho tiempo.

—¿Como por cuánto? —Yo quería saberlo. ¡Necesitaba saberlo!

—No mucho —me contestó mami, mientras cerraba su maleta. Se iba al lugar de donde la mayoría de los padres nunca regresan. Un lugar que ya se había llevado a papi y ahora se llevaba a mami.

Los Estados Unidos.

Mi hermana Mago, mi hermano Carlos y yo agarramos nuestras bolsas de ropa y salimos con mami de la casita que rentábamos. Adentro, mis tíos estaban guardando nuestras cosas en cajas. Al salir a la calle, me pareció ver a papi. No era él. Luego vi que mi tío iba a guardar una foto de él en una caja. Corrí y se la quité de la mano.

–¿Para qué te la llevas? —me preguntó mami cuando me vio con la foto. Íbamos por el camino de tierra rumbo a la casa de la mamá de papi. Ahí nos íbamos a quedar a vivir de ahora en adelante.

—Es mi papi —le dije, apretando el retrato contra mi pecho.

—Tu abuela tiene fotos de él en su casa. No necesitas llevarte esa —me respondió.

—Pero *este* es mi papi.

Ella no entendía que esa cara de papel detrás de un vidrio era el único papá que yo conocía.

Papi se había ido a Estados Unidos dos años antes. Quería construirnos una casa de verdad, de ladrillos y concreto. Él era albañil y podía hacerla con sus propias manos, pero en México las cosas estaban mal y no había trabajo. Por eso tuvo que irse a ese lugar al que todos en mi pueblo le decíamos El Otro Lado. Tres semanas antes la había llamado a mami para decirle que la necesitaba.

—Si los dos estamos aquí ganando dólares, más rápido podremos comprar los materiales para la casa —le dijo. Después, podrían volver a México para construirla.

Pero, mientras tanto, nos estaba dejando sin mamá.

Mago, que en realidad se llama Magloria, cargó mi bolsa de ropa para que yo pudiera agarrar el retrato de papi con las dos manos. El camino estaba lleno de piedras que querían tirarme. Pero ese día tuve mucho cuidado porque llevaba a papi en mis brazos y se podía quebrar.

Iguala de la Independencia, en el estado de Guerrero, está rodeada de montañas. Mi abuela vivía a las afueras de la cuidad. Mientras caminábamos rumbo a su casa, yo miraba la montaña más cercana. Era grandota y se veía suavecita, como de terciopelo verde. Cuando llovía, una nube de neblina envolvía su cima. Parecía el pañuelo blanco que la gente se amarra cuando le duele la cabeza. Por eso, le decían La Montaña con Dolor de Cabeza. Yo no sabía qué había detrás. Mami tampoco, porque ella nunca había salido de Iguala.

La casa de la abuela Evila, la mamá de papi, estaba a la vuelta de la esquina. Era de adobe, estaba pintada de blanco y tenía techo de tejas. En una pared crecía una buganvilia con flores tan rojas que hacían que la casa pareciera estar sangrando.

Caminamos en silencio y de pronto mami se paró frente a nosotros.

—Háganle caso a su abuela —dijo—. Pórtense bien. No la hagan enojar.

—Pero si ella nació enojada —respondió Mago en voz baja.

Carlos y yo nos reímos. Mamá también, pero luego se contuvo.

—Cállate, Mago, no hables así. Tu abuela nos está haciendo un favor al recibirlos. Háganle caso en todo lo que les diga.

—¿Pero por qué tenemos que quedarnos con ella? —preguntó Carlos. El próximo mes, él cumpliría siete años. Mago tenía ocho y medio, cuatro años más que yo.

—¿Por qué no nos quedamos con la abuelita Chinta? —preguntó Mago. Yo también pensé en la mamá de mami. Su voz era suave, como el arrullo de las palomas enjauladas alrededor de su casita, y olía a aceite de almendras y a yerbas. Pero, por más que quisiera a mi abuelita, yo prefería estar con mami.

Mami suspiró.

—Su papá quiere que se queden con su mamá, porque piensa que allí estarán mejor.

—Pero . . .

—Basta, él ya lo decidió y tenemos que obedecerle —nos dijo mami.

Seguimos caminando. Mago, Carlos y yo más despacio, dejando a mami sola. Miré la foto en mis brazos, el pelo oscuro de papi, sus labios gruesos, su nariz chata y sus ojos rasgados mirando hacia la izquierda. Me hubiera gustado sentir que él me miraba, pero sus ojos no me veían.

—¿Por qué te la llevas? —le pregunté a El Hombre Detrás del Vidrio, pero no me contestó, como siempre.

—¡Ya llegamos, señora! —gritó mami desde el portón de la casa de mi abuela. Enfrente de la calle, el perro del vecino nos ladró.

—¡Soy yo, señora, Juana! —volvió a gritar, más fuerte. No quiso abrir el portón para entrar porque a mi abuela no le caía bien mami. Tampoco le caíamos bien nosotros, y por eso yo no entendía por qué papi quería que nos quedáramos con ella.

Por fin, la abuela Evila salió. Traía su pelo canoso en un chongo que parecía apretarle. Tenía una joroba en la espalda y caminaba agachada, como si cargara un costal de maíz bien pesado. Mientras se acercaba, se secó sus manos con su delantal.

—Ya llegamos —le dijo mami.

—Sí, ya veo —contestó mi abuela. No abrió la puerta ni nos preguntó si queríamos descansar bajo la sombra del limonero del patio. El sol del mediodía me quemaba la cabeza. Me acerqué a mami para protegerme bajo su sombra.

—Gracias por hacerse cargo de mis hijos, señora —le dijo mami—. Cada semana le vamos a mandar dinero para lo que necesiten.

Mi abuela se nos quedó mirando a los tres. Como siempre ponía esa cara, no sabíamos si estaba enojada.

—¿Y por cuánto tiempo se van a quedar?

—Pues el que sea necesario —le dijo mami—. Solo Dios sabe cuánto vamos a tardar en construir la casa que Natalio quiere.

—¿Que Natalio quiere? —preguntó la abuela Evila, recargándose en el portón—. ¿Y qué, acaso no la quieres tú también?

Mami se volteó hacia nosotros y nos abrazó. Las lágrimas me ardían en los ojos, y sentí como si me hubiera tragado una de las canicas de Carlos.

—Claro que sí, señora. ¿A qué mujer no le gustaría una linda casa de ladrillos? Aunque nos va a costar mucho —dijo mami.

—Aquí los dólares rinden bastante —dijo la abuela

Evila, señalando la casa de ladrillos que se levantaba a lo lejos—. Mi hija se construyó una casa bien bonita con el dinero que ganó en El Otro Lado.

Volteamos a ver la casa. Era la más grande de la cuadra, pero mi tía no vivía en ella. No había vuelto de Estados Unidos, aunque se había ido mucho antes que papi. Había dejado aquí a su hija para que mi abuela la cuidara.

—Yo no estoy hablando de dinero —le dijo mami a mi abuela. Luego se volteó hacia nosotros y se agachó para estar a nuestra altura. Respiró hondo y dijo—: Voy a trabajar muy duro. Cada dólar que gane será para ustedes y para la casa. Su papá y yo regresaremos cuando menos lo esperen.

—¿Por qué papi sólo mandó por ti y no por mí? Si yo también lo quiero ver —dijo Mago. Como era la más grande, ella se acordaba más de papi que yo y lo extrañaba mucho.

—Tu padre sólo tenía dinero para mi viaje. Yo voy a trabajar para ayudarlo con la casa.

—Pero no necesitamos una casa, necesitamos a papi —dijo Mago.

—¡Te necesitamos a ti! —le dijo Carlos.

Mami le acarició el cabello a Mago.

—Me voy solo por un año. Créeme que cuando regrese vendré con tu papá. ¿Me prometes que cuidarás a Carlos y a Reyna por mí, como si fueras su mamacita?

Mago miró a Carlos y luego me miró a mí. No sé qué vio mi hermana en mis ojos porque me miró como si me entendiera. ¿Se dio cuenta del miedo que yo tenía? ¿Vio cómo se me rompía el corazón al ver a mami irse?

—Sí, mami, te lo prometo. Pero tú también debes cumplir tu promesa. Vas a volver, ¿verdad?

—Claro que sí —contestó mami, abrazándonos.

—No te vayas, mami. Quédate con nosotros. Quédate conmigo —le rogué, aferrándome a ella.

Me besó la frente y me empujó hacía el portón.

—Cuídate del sol porque si no te va a doler la cabeza.

Cuando por fin la abuela Evila nos abrió, no entramos. Nos quedamos parados con nuestras bolsas en manos, y me dieron ganas de tirar la foto de papi al suelo para que se rompiera en mil pedazos. Sentí que lo odiaba por quitarme a mi mamá, solo porque quería una casa y ser dueño de un pedazo de tierra.

—No te vayas, mami. ¡Por favor! —le supliqué.

Mami nos dio un beso de despedida. Apreté mi mejilla contra sus labios pintados de rojo con un lápiz labial de Avon. Mago me abrazó con fuerza mientras la veíamos alejarse. Cuando desapareció de mi vista, le solté la mano a mi hermana. Corrí. Grité su nombre. A través de mis lágrimas lo único que vi fue el taxi que se la llevaba. Entonces sentí una mano en mi hombro. Era Mago.

—Ven, nena —me dijo, y en sus ojos no había ni una lágrima. Mientras caminábamos a casa de la abuela me pregunté por qué. A lo mejor cuando mami le dijo a Mago que fuera nuestra mamacita, también le estaba diciendo que ya no podía llorar.

2

Todos los días, mientras Mago y Carlos estaban en la escuela, yo me paraba junto al portón y miraba hacia el camino por donde mami había desaparecido, con la esperanza de verla regresar.

—Métete, nena —me decía Mago, cuando ella y Carlos llegaban de la escuela. Entrábamos juntos a la casa de la abuela, y luego, a trabajar. Pasábamos toda la tarde limpiando.

—No se van a quedar aquí de gratis —nos dijo la abuela Evila esa mañana, tan pronto se fue mami y la puerta se cerró detrás de nosotros. Ahora entendía lo que quería decir.

Habían pasado como dos semanas, y ya todos en el vecindario sabían que mami se había ido. A donde quiera que íbamos la gente nos miraba con lástima. Un día, Mago y yo fuimos por las tortillas. Cuando pasamos por la panadería, la esposa del panadero se nos quedó viendo y le dijo a su esposo:

—Míralas, pobres huerfanitas.

—¡No somos huérfanas! —le grité, agarrando una piedra para aventársela, pero yo sabía que a mami eso no le gustaría y la dejé caer.

La esposa del panadero me cachó y supo lo que yo estuve a punto de hacer.

—¿No te da vergüenza, niña? —me regañó—. Preferiría que la tierra me tragara, a tener una hija como tú.

—No seas tan dura con ella —le dijo el panadero—. Es muy triste no tener a tus padres.

Luego se subió a su bicicleta para ir a repartir el pan. Lo vi hasta que dio la vuelta en la esquina. ¡Era increíble! El camino tenía muchas piedras, pero él manejaba su bicicleta con el canasto en la cabeza y no se le cayó ni un pan.

—Si algún día regresa tu madre, le voy a decir cómo te portabas —dijo la esposa del panadero, señalándome. Luego se metió en su casa, azotando la puerta.

—No lo puedo creer —dijo Mago, y me pegó con la canasta de las tortillas.

Mis ojos se llenaron de lágrimas.

—Pero es que no somos huérfanos.

Como estaba bien enojada, no me habló. Más bien me jaló del brazo hacia el molino. Casi me caigo al tropezar con una piedra, pero Mago me agarró a tiempo. Caminó más lento y dejó de apretarme el brazo.

—No quiero que la gente nos tenga lástima —le dije.

Se paró y se tocó las cicatrices de la cara que se hizo en un accidente cuando era niña. Una en la mejilla, una en el párpado y otra en la nariz. A Mago no le gustaba nada que la gente la viera con lástima por sus cicatrices.

—Siento mucho haberte pegado, nena —me dijo.

Al escucharla decir «nena», la perdoné.

Al regresar del molino, mi prima Élida nos estaba esperando en la entrada y preguntó por qué nos tardamos tanto.

—¿Qué no ven que tengo hambre?

Élida tenía casi trece años. Era gordita y tenía los ojos saltones como de rana. Yo pensé que podíamos ser amigas porque a ella también su mamá la había dejado, igual que a nosotros. Pero no quiso. Nos decía huerfanitos, como la demás gente. A ella la abuela le hacía vestidos bonitos en su máquina de coser y su mamá le mandaba regalos de El Otro Lado. Por eso ella no era huerfanita, era la consentida de la abuela. Tenía todo lo que a nosotros nos faltaba.

Cuando la vi, me dio mucho coraje otra vez. Coraje de que me llamaran huérfana, de que Mago me pegara, de que mi mamá se fuera y de que mi papá se la llevara.

—Tu cabello parece la cola de un caballo —le dije.

—¡Pinche huérfana! —me dijo, jalando mi coleta. La abuela Evila agarró las tortillas que traía Mago y no regañó a Elida por jalarme el pelo.

Carlos, Mago y yo nos sentamos en los escalones que unían la cocina y el cuarto de mi abuela. En la mesa no había lugar para nosotros. Los cuatro asientos ya estaban ocupados. Vimos cómo la abuela le servía una chuleta de cerdo a mi abuelo. Otra a Élida. La tercera a mi tía Emperatriz y la última fue a su plato. Cuando el sartén por fin llegó hasta nosotros solo quedaba el aceite caliente. La abuela agarró un poco con una cuchara y nos lo mezcló con los frijoles.

—Para darle sabor —dijo.

Si papi y mami estuvieran aquí, no estaríamos comiendo aceite, pensé.

—¿Se acabó la carne? —preguntó la tía Emperatriz.

La abuela Evila dijo que sí.

—El dinero que me diste en la mañana no me alcanzó en el mercado —le explicó—, y sus padres no me han mandado nada esta semana.

Al ver nuestros frijoles grasosos, mi tía agarró su bolsa y le dio dinero a Mago para que fuera a comprar un refresco. Mago regresó de la tienda con una Fanta. Le agradecimos a nuestra tía y nos turnamos para beber de la botella, aunque lo dulce de la naranja no logró quitarnos el sabor a aceite.

—¿De qué sirve que se hayan ido nuestros padres a El Otro Lado, si vamos a comer como pordioseros? —dijo Mago cuando terminamos de comer. Llevamos los platos sucios al lavadero. Después limpiamos la mesa y barrimos el piso. Carlos sacó la basura al patio trasero. La hizo un montón y la quemó.

—¡Regina! —llamó la abuela Evila desde su cuarto, donde estaba haciendo unos vestidos—. Ven aquí, Regina.

No me di cuenta de que me hablaba a mí porque yo no

me llamo Regina. Nací el 7 de septiembre, el día de Santa Regina, y mi abuela escogió ese nombre, pero mi madre no la obedeció y me puso Reyna.

—¿Mande, abuela? —le dije al entrar a su cuarto.

—Ve a la tienda de don Bartolo y cómprame una aguja —me dijo, y me dio dinero—. Pero no te tardes.

Las dos hijas de don Bartolo estaban jugando al avión afuera de la tienda. Cuando me vieron pasar me señalaron y dijeron:

—Mira, ya llegó la huerfanita.

Esta vez no me aguanté. No me importó que el vecindario pensara que era una salvaje y una desgracia para mi familia. Aventé una moneda con todas mis fuerzas y le lastimé un ojo a la mayor. Ella gritó, se metió corriendo a la tienda y llamó a su padre. Yo me eché a correr hacia la casa, sin levantar la moneda. Cuando la abuela Evila me preguntó por su aguja no me quedó más que decirle la verdad.

Llamó a Mago y le dijo:

—Lleva a tu hermana para que le pida disculpas a don Bartolo. Y no regresen sin la aguja.

Mago me agarró de la mano y me jaló.

—Ahora sí te pasaste —me dijo.

—¡Es lo que se merece por llamarme huérfana! —respondí—. Me solté de su mano y me detuve. Ella se me quedó mirando un momento. Pensé que me iba a pegar, pero en lugar de eso me agarró de la mano y me jaló hacia el otro lado.

—¿Adónde vamos? —le pregunté, pero ella no me dijo nada. Al doblar la esquina vi la casita donde vivíamos antes. Nos paramos enfrente. Por la ventana abierta pude oler los frijoles que hervían en la estufa. Escuché la voz de una mujer que cantaba con la radio. Le pregunté a Mago quién vivía allí ahora.

—No sé. Pero no importa. Esa siempre va a ser nuestra casita. Donde vivimos con nuestros papás —dijo—. Aunque no te acuerdes bien de papi, lo que te acuerdes de mami y de la casita son tuyos. Eso nadie te lo puede quitar. Nunca.

La seguí hacia el canal, al pie de la colina, donde mami iba a lavar.

—Allí te salvó la vida, nena. ¿Te acuerdas? —dijo Mago.

Me acordé de cuando casi me ahogué en el canal un año antes. La lluvia lo había hecho crecer mucho, y la corriente era muy fuerte. Mami me ordenó que me sentara junto a ella, sobre las piedras donde lavaba, pero a Carlos y a Mago sí los dejó meterse al agua para jugar con los otros niños. Yo también quería jugar. Y en un descuido de mami, salté al agua. La corriente me arrastró. No me podía parar. Pero mami me alcanzó a agarrar justo a tiempo.

Regresamos a la casa de la abuela Evila sin saber qué le íbamos a decir. Antes de entrar, Mago me llevó a una casita de palitos y cartón cerca del patio. Adentro había ollas de barro, un comal, sartenes y otros trastes. Me dijo que yo había nacido allí. Fue el primer hogar de mis padres cuando se casaron.

Nos sentamos en el piso de tierra y Mago me contó de mi nacimiento, igual como mami lo recordaba. Señaló un círculo de piedras con cenizas, y me dijo que allí había una fogata para dar calor. Al nacer, la partera me dejó en los brazos de mi madre y ella me acercó al fuego. Mientras la escuchaba, cerré los ojos y casi pude sentir el calor de las llamas y el latir del corazón de mami junto a mi oído.

Mago señaló el piso y me recordó que mi cordón umbilical estaba enterrado allí. «Así», le dijo mami a la partera, «no importa a dónde la lleve la vida, nunca olvidará de dónde viene».

Después, Mago me tocó el ombligo y me dijo algo que mi mamá nunca me había dicho. Que mi cordón umbilical era como un listón que me conectaba a mami.

—No importa que estén lejos. Ese lazo no se rompe nunca.

Me toqué el ombligo y pensé en lo que mi hermana me había dicho. Con la foto de papi me sentía cerquita de él, pero no tenía una de mami y ahora Mago me había dicho algo para no olvidarme de ella.

—Todavía tenemos mamá y papá —dijo Mago—. No somos huérfanos, nena. No están aquí, pero eso no quiere decir que los perdimos. Ven, vamos a decirle a la abuela que no tenemos su aguja.

—¡Me va a pegar! —le dije, al entrar a la casa—. Y también te va a pegar a ti, aunque no tengas la culpa de nada.

—Lo sé —me contestó.

—Espera —le dije, y salí corriendo a la calle, antes de que me diera miedo. Me fui lo más rápido que pude. Afuera de la tienda, de nuevo estaban jugando las hijas de don Bartolo. Cuando me vieron, se enojaron. No pude dar un paso más. Me toqué el ombligo con un dedo para darme valor.

—No debí pegarte. Perdóname —le dije a la niña.

Ella volteó a ver a su padre, que salió y se paró junto a la puerta.

—Mi papi dice que tenemos suerte de tener una tienda, porque si no él ya se habría ido a El Otro Lado, y no quiero que se vaya.

—Yo tampoco quería que mami se fuera —le comenté—. Pero pronto regresará, y papi también.

Don Bartolo sacó de su bolsillo la moneda de mi abuela y me la dio.

—Nunca pienses que tus padres no te quieren —me dijo—. Se fueron porque precisamente te quieren mucho.

Compré la aguja para la abuela Evila y camino a casa me pregunté si don Bartolo tenía razón. Tal vez mis padres se fueron porque me querían mucho y no por falta de cariño.

3

Muy pronto, Élida y nosotros nos declaramos la guerra. Ella siempre nos recordaba que era la nieta favorita. Seis años antes, cuando Élida llegó a la casa de mi abuela Evila, para hacerle espacio, mi abuela sacó de su cama al abuelo. Lo que quería se lo daban: un vestido nuevo, zapatos nuevos, golosinas y todo el tiempo que quisiera para ver televisión. Su madre también le mandaba regalos de Estados Unidos. Una vez recibió un walkman y se convirtió en la envidia de toda la colonia. Se pasaba horas en casa, tirada en la hamaca, escuchando canciones de Michael Jackson, mientras nosotros tres limpiábamos la casa de arriba abajo.

Cuando a la abuela se le ocurrió que Élida debería aprender a escribir a máquina y convertirse en la mejor secretaria que ha tenido Iguala, al poco tiempo llegó una máquina de escribir desde El Otro Lado. Élida se pasaba horas escribiendo a máquina, mientras nosotros tres no hacíamos otra cosa que limpiar la casa y esperar que llegaran nuestros regalos.

Le costaba compartir sus cosas con nosotros, y cuando nos dejaba jugar con sus muñecas, nos ponía de sirvientas y ella de mujer rica. ¡Y era más mandona que mi abuela! Por eso no nos gustaba jugar con ella, porque si ya en la vida real nos trataba mal, peor era cuando se suponía que estábamos jugando.

Lo que más odiaba de Élida eran los apodos que nos puso. A mí me llamaba «Chueca», porque soy zurda y según ella yo era deforme. A Carlos lo llamaba «Calaca», porque era muy flaco, aunque tenía la panza llena de lombrices. El apodo de Mago era «Piojosa», por todos los bichos que tenía en la cabeza. Carlos y yo le aguantábamos los apodos, pero Mago no. Ellas dos peleaban todo el tiempo, como si fueran viejas amargadas. La cosa se puso más fea cuando un día Mago amenazó a Élida con llenarle la cabeza de piojos.

El pelo de Élida era su tesoro. Lo tenía bien largo como una cascada brillosa en su espalda. La abuela Evila siempre lo lavaba con agua de limón para que estuviera bonito. Por las tardes, llenaba una cubeta del tanque de agua, cortaba limones del árbol y exprimía su jugo en el agua.

Mago, Carlos y yo nos escondíamos detrás de un arbusto para verlas. La abuela Evila lavaba el cabello de Élida con mucho cuidado, como si fuera de seda. Luego la sentaba al sol y se lo peinaba un largo rato.

Nosotros teníamos piojos y lombrices en la panza, pero eso a la abuela no le importaba. Decía:

—Yo creo que ustedes ni siquiera son mis nietos.

Ojalá y así fuera. Yo tampoco la quería como abuela.

—Su madre nunca regresará por ustedes —nos dijo Élida una tarde, mientras esperaba que se le secara el cabello—. Ya tiene trabajo y está ganando dólares, así que, ¿para qué volver?

Mami nos había llamado por teléfono tres semanas antes. Se oía muy feliz porque había conseguido trabajo en una fábrica de ropa. ¡Por fin iba a poder ayudar a papi con la casa! Nos prometió que nos mandaría dinero para zapatos y ropa. No podíamos decirle que no se molestara, que la abuela se lo gastaba. Ella siempre estaba ahí, escuchando la llamada. Si hablábamos mal de ella, nos pegaba.

—Ella va a regresar, lo sé —le dijo Mago a Élida. En los dos meses y medio que habíamos estado allí, mis papás nos llamaban cada dos fines de semana. Mago siempre le decía a mami que se acordara de su promesa. Que volvería en un año.

—No te engañes —le decía Élida—. Se van a olvidar de ustedes, vas a ver. Siempre serán unos huerfanitos.

—Mejor habla por ti. Es tu madre la que no va a regresar —dijo Mago—. ¿Qué no tiene ya otro hijo en El Otro Lado?

Al recordarle a su hermano gringo, Élida apartó la mirada. La abuela Evila salió de la casa con un enorme peine de plástico. Se sentó detrás de Élida y comenzó a peinar sus cabellos largos, que olían a limón. Ella se quedó quieta y no contestó cuando la abuela le preguntó qué pasaba.

* * *

Una hora más tarde, Élida regresó al patio. Se recostó en la hamaca para ver cómo hacíamos el quehacer de la casa. Mago barría, mientras yo regaba las vincas y los geranios de la abuela Evila. Carlos estaba en el patio trasero, ayudándolo al abuelo a limpiar la maleza.

Élida se mecía mientras comía el mango que había comprado en la tienda de don Bartolo. ¡Se veía muy rico! Lo cortaron bien bonito, como una rosa amarilla y con mucho polvito de chile. Nomás de ver cómo lo mordía se me hizo agua la boca.

—Mi madre me quiere —dijo.

—Ahhh, ya cállate —le dijo Mago. Se dio la vuelta y comenzó a barrer en dirección de Élida.

—¡Huérfana estúpida! —gritó Élida, escapándose de la nube de polvo que Mago le lanzó—. Piojosa.

—¿Y qué si tengo piojos? —le dijo Mago—. Si no te cuidas te los voy a echar y vas a ver lo que le va a pasar a ese cabello «tan lindo» que tienes.

Mago me jaló hacia ella y comenzó a separar mis cabellos.

—Mira, mira, un piojo —dijo, enseñándole a Élida.

—¡Abuelita, abuelita! —gritó Élida, con los ojos llenos de miedo. Se metió a la casa, sosteniendo su largo cabello con las manos. Mago y yo nos miramos.

—¿Pero qué hiciste? ¡Ahora sí nos van a pegar! —le dije a Mago.

Pensé que la abuela nos pegaría con su cuchara de

madera o con una rama o una sandalia, como siempre. Hubiera preferido ese castigo, en vez de lo que recibimos.

A la tarde, cuando mi tía regresó de su trabajo, la abuela Evila le pidió que se encargara de nuestros piojos. Mi tía le dio a Mago dinero para que fuera a comprar keroseno, un aceite muy apestoso que se usa para encender los faroles y, según mi abuela, para matar piojos. Apenas se fueron los últimos rayos del sol, la oscuridad cayó sobre nosotros. Mi abuela trató de prender la luz del patio, pero no pudo. Nos quedamos sin luz. Trajo algunas velas y las puso sobre el tanque de agua.

Cuando Mago regresó con el keroseno, mi tía nos sentó uno junto al otro.

—¿Y si no funciona? —preguntó Élida.

—¡Si el keroseno no funciona los voy a rapar! —dijo la abuela Evila.

Me quedé helada al escucharla. Mi tía Emperatriz me pasó un peine de piojos por mi cabello. Me pidió que recargara mi cabeza hacia atrás y echó un poco de keroseno sobre una toalla y la usó para envolver mi cabello. El olor me mareó. Se aseguró de que estuviera bien envuelto y luego me puso una bolsa de plástico encima para que no se cayera la toalla. Me quedé quieta escuchando el zumbido de los mosquitos a mi alrededor. Me picaron las piernas y los brazos, pero no me moví por miedo a que me raparan.

—Listo —dijo mi tía cuando terminó—. Ahora, a la cama, y ni se les ocurra acercarse a las velas.

Los tres compartíamos una sola cama individual en un rincón del cuarto de mi abuelo. Yo dormía entre Mago y Carlos para no caerme. Pasábamos las noches bien apretados, y para colmo, desde que mami se fue, Carlos se empezó a orinar en la cama.

Pero en ese momento eso no importaba. Fue una noche larga sin poder dormir. Me atormentaba la picazón. Me moría por rascarme y rascarme y rascarme, pero no podía. El apestoso olor del keroseno me mareaba. Trataba de no respirar, de aguantar un poquito más, pero mis pulmones me ardían. Soltaba el aire de golpe y luego tragaba más aire. La cabeza me daba vueltas. No soportaba el dolor y traté de quitarme la toalla.

—No te la quites —dijo Mago.

—Me duele mucho —le dije—. Me quiero rascar. No aguanto.

—Me arde un chingo la cabeza —dijo Carlos—. ¡Ya no puedo!

—Pero no te quites la toalla —le dijo Mago—. Nos van a rapar por tu culpa.

—No me importa —respondió, y con un manotazo se la quitó.

Media hora después hice lo mismo.

La abuela Evila cumplió con su palabra. La tarde siguiente, cuando mi abuelo llegó del trabajo, le pidió que sacara sus hojas de afeitar y sus tijeras. El cabello de Carlos desapareció por completo. Pasamos las palmas de nuestras manos sobre su cabeza rapada, sintiendo los pelitos rasposos. Cuando Élida lo vio se echó a reír.

— ¡Ahora sí pareces un esqueleto! —y comenzó a cantar: «*La calaca, tilica y flaca. La calaca, tilica y flaca*».

Me hizo reír porque era una canción graciosa y podía imaginarme cómo bailaba un esqueleto.

—Te toca, Regina —dijo mi abuela Evila.

—No, abuelita, ¡por favor, no! —le rogué, mientras ella me arrastraba hacia la silla. Mi abuelo me dio una manazo y me ordenó que me quedara quieta.

—Bueno, si quieres muévete —me dijo, al ver que no me estaba quieta—. Pero no me eches la culpa si sale mal el corte.

Yo me mecía en la silla, llorando por mi pelo y pidiendo a gritos que mami regresara. No debería haberme quitado la toalla anoche. Me gustaba mucho mi pelo. Era lo único bonito que tenía. En la calle, a las señoras siempre les gustaban mis chinitos y se detenían a tocarlos. Le decían a mami: «¡Qué bonito pelo! ¡Parece una muñequita!», y mami sonreía con orgullo.

—No te muevas, nena, no lo dejas trabajar bien —me dijo Mago, pero no la escuché. Las tijeras zumbaban cerca de mis orejas. Me retorcía en la silla y veía cómo caían y caían mis chinos en el suelo y sobre mis piernas, suaves como pétalos de una flor. Luego llegaron las gallinas de mi abuela, cacareando como si quisieran saber qué pasaba. Andaban por ahí, picoteando mis chinos y pisándolos como si nada.

Cuando el abuelo Augurio terminó, corrí hacia el espejo. Mi cabello quedó tan corto como el de un niño y disparejo, como si una vaca me lo hubiera mordido. Me escondí debajo de las cobijas y solo me asomaba para ver la foto de papi que colgaba en la pared. Una y otra vez me vi en el espejo, hasta darme cuenta de que mis ojos rasgados se parecían a los suyos. Los dos teníamos una frente pequeña, mejillas grandes y una nariz chata. Y ahora el cabello corto y negro.

—¿Cuándo vas a regresar? —le pregunté a El Hombre Detrás del Vidrio—. ¿Ya no me quieres?

Cómo deseaba tener una foto de mami para decirle que la extrañaba. Extrañaba ir al canal y sentarme en la piedra, mientras ella fregaba la ropa y me contaba historias. Si el agua estaba quieta, me dejaba meterme para jugar con la espuma del jabón mientras ella enjuagaba la ropa.

Extrañaba ir a visitar a la abuelita Chinta y acostarme en su cama, mientras ellas platicaban. Me dormía escuchando la voz de mami y el arrullo de las palomas de mi abuelita. Por la noche, extrañaba acurrucarme junto a ella en la cama que una vez compartió con papi. Mago y yo tratábamos de que estuviera calientita para que no extrañara a papi mucho.

Mago vino a decirme que ya era hora de cenar. Me la quedé viendo con coraje, porque a ella no la raparon como a mí. Toda la noche se aguantó la comezón y cuando se despertó en la mañana, ¡todos los piojos estaban muertos!

Su cabello olía a keroseno, aunque se lo lavó como veinte veces con el champú de la tía Emperatriz que olía a rosas. Pero, al menos, no parecía un niño.

—Déjame en paz —le dije.

—Vamos, nena, ven a comer.

A mi panza no le importaba que hubieran trasquilado mi cabello. Gruñía de hambre y no me quedaba otra que ir a la cocina, donde todos me verían. La tía Emperatriz, que estaba en su trabajo cuando me cortaron el cabello, suspiró sorprendida al verme.

—Ay, amá, ¿qué le hicieron a esta pobre niña?

—¿Niña? ¿Qué no es Carlos? —dijo Élida. Cuando la volteé a ver se rio y dijo—: Creí que eras tu hermano.

Esa noche soñé con mami. En el sueño ella me lavaba el pelo, todavía largo y chinito, con agua de limón. Lo acariciaba con una suavidad tan dulce, y yo suspiraba con alegría. Pero me desperté de golpe. El corazón me dolía y tenía muchas ganas de llorar. Entonces me di cuenta de que Carlos se había orinado en la cama y yo estaba empapada.

4

Ya teníamos seis meses de vivir en la casa de la abuela Evila y era peor que una cárcel. Solo nos dejaba salir para hacer mandados. Tampoco podíamos jugar con los niños del vecindario porque la abuela no quería que nos metiéramos en problemas. Pero los sábados, cuando ella y Élida se iban al centro, nos escapábamos para jugar en el terreno baldío, donde había un carro abandonado. Estaba todo oxidado y tenía sus asientos llenos de hoyos. Le faltaban las llantas, pero su volante sí servía.

—¿A dónde vamos hoy? —preguntó Carlos, y agarró el volante.

—Vámonos a El Otro Lado —le dije.

—Brum, brum. Vámonos —dijo él.

Entre más rápido iba el carro, más ruido hacía. Carlos nos dijo:

—Agárrense bien porque vamos a saltar.

Mientras él manejaba yo veía La Montaña con Dolor de Cabeza y estaba segura de que por allí se llegaba a El Otro Lado. Mago decía que Estados Unidos estaba muy lejos, pero ¿qué podía estar más lejos que un pueblo que no conocíamos al otro lado de las montañas?

—Vete por ahí —le dije a Carlos, señalando hacia la montaña—. Allí es donde están mami y papi.

Carlos comenzó a hacer ruidos de nuevo. Aceleró el motor y seguimos el viaje. ¡Ajua!

Desde que decidí creer que nuestros papás estaban al otro lado de La Montaña con Dolor de Cabeza, todas las noches la volteaba a ver para darles las buenas noches. Por las mañanas les daba los buenos días. Carlos y Mago también lo hacían, aunque Élida se riera y dijera que éramos una bola de tontos porque creíamos que nuestros papás estaban cerca de nosotros.

—Mami y papi están tan cerca como yo quiera —le contestaba a Élida.

Al principio no sabía dónde encontrar a papi. Lo único que tenía de él era su foto. Pero un día, camino a la tienda, Mago se detuvo afuera de una casa donde sonaba en una radio «Escuché las golondrinas», y me dijo que a papi le gustaba mucho esa canción. Así aprendí a encontrar a papi en la voz de Vicente Fernández. Otro día, cuando íbamos al molino, el cartero pasó junto a nosotros en su bicicleta. Sentimos un olor muy fuerte, como a canela, y Mago me dijo:

—¡Así olía papi!

También aprendí a encontrarlo en un frasco de Old Spice que recogí de la basura.

A mami era más fácil encontrarla. Estaba en el olor a manzana del champú que mi tía nos compraba. En sus perfumes favoritos de Avon, que yo alcanzaba a oler en sus viejas amigas cuando hacía fila para comprar tortillas. El color de sus labios lo veía en las flores rojas de la buganvilia que trepaban en la casa de la abuela Evila. La escuchaba en sus canciones favoritas de Los Dandys. Y cuando mi abuelita Chinta venía a visitarnos, la veía en sus ojos.

Todos los días iba a la casita donde nací. Dibujaba un círculo alrededor del lugar donde enterraron mi ombligo. Ese cordón tan especial me conectaba con mami.

Cada quince días, cuando nos llamaban, yo podía encontrar a papi y mami en el teléfono de la abuela. Pero esos dos minutitos que la abuela Evila nos dejaba hablar con ellos siempre volaban demasiado rápido. Dos minutos para decir todo lo que sentíamos. Aunque era mucho lo que queríamos contarles, una noche de agosto nos quedamos callados. Fue mami quien habló y nos dio la peor de las noticias.

¡Iba a tener un bebé!

—Ya nos van a cambiar —dijo Mago, devolviéndole el teléfono a la abuela Evila. Regresamos al cuarto que compartíamos con nuestro abuelo, y como no tenía puerta sino solo una delgada cortina, pudimos escuchar las quejas de la abuela por lo difícil que estaba la situación y les pedía que mandaran más dinero.

—Sus hijos necesitan zapatos y ropa —les exigía la

abuelita Evila, pero la última vez que mandaron dinero ella lo gastó en hacerle un nuevo vestido a Élida.

—Nos van a dejar aquí. Se olvidarán de nosotros —dijo Mago.

Carlos y yo tratamos de consolarla, pero no pudimos. Abracé a mi hermana y lloré con ella. Tenía mucho coraje hacia mis papás. No podía entender cómo se les había ocurrido pedirle a Dios otro hijo. *¿Que no les bastamos nosotros tres?* Me toqué el ombligo, pensando en el cordón que me unía a mami. Mientras ese cordón existiera, ella no podría olvidarme, no importa qué tantos otros hijos tuviera. Pero con papi ¿qué me unía? ¿Qué haría él para no olvidarme?

Un día después de la llamada telefónica, Mago no quiso ir a la escuela y Carlos se fue solo. Ella se pasó todo el día en el cuarto, hojeando un libro de historia donde encontró un mapa. Trazó una línea entre dos puntos, pero como yo todavía no sabía leer, no entendía nada.

—¿Qué estás haciendo? —le pregunté.

Me enseñó el mapa.

—Aquí está Iguala, aquí Los Ángeles y esto . . . —dijo, mientras deslizaba su dedo de un punto a otro— es la distancia entre nosotros y nuestros padres.

Me toqué el ombligo y le dije:.

—Pero estamos unidas.

Ella se encogió de hombros y me respondió:

—Eso lo inventé para que te sintieras mejor.

—¡Mentirosa! —le dije. Pateé su pierna y salí corriendo, con el dedo en mi ombligo. Me escondí en la casita donde nací y lloré hasta quedarme dormida.

Me despertaron los gritos de alguien que buscaba a mi abuela. Al salir me encontré con doña Paula. Como vivíamos a las afueras de Iguala no teníamos agua corriente. Doña Paula venía cada tres días para repartir agua del pozo comunitario. Tenía un burro que cargaba dos enormes botes de agua en cada lado. Sus dos hijos iban montados mientras ella caminaba al lado del animal, jalando las riendas.

—Buenas tardes —le dijo a la abuela Evila, y guio al burro para cruzar la cerca.

Como siempre, besó a cada uno de sus hijos, mientras los ayudaba a bajar del burro. Nosotros ya no teníamos una mamá que nos besara, porque se había ido y ahora iba a tener un nuevo bebé para besar.

—Mira a estos bebitos de mamá —dijo Mago detrás de mí—. ¡Son unos miedosos!

Yo les saqué la lengua cuando su mamá no nos miraba.

Doña Paula les pidió a sus hijos que se fueran con nosotras mientras ella platicaba con mi abuela. Nos gustaba mucho jugar en el patio trasero, pero ese día Mago no quería jugar con los hijos de doña Paula. Así que ellos se fueron por su cuenta, mientras nosotras nos dirigimos hacia el norte de la casa, cerca del callejón. Al lado del tecorral que rodeaba la casa había un montón de caca humana.

—Nena, vete por dos tortillas —me pidió Mago.

—¿Para qué?

—Solo haz lo que te digo y que estén calientes. No las queremos frías.

Me metí en la cocina, con cuidado para que no me descubrieran la abuela y doña Paula. *¿Qué estará tramando Mago?* Regresé a toda prisa con las tortillas. Mago saltó sobre la barda y con un palo juntó un poco de caca, se la untó a las tortillas como mantequilla. Las enrolló y fue buscar a los hijos de doña Paula.

—¿Tienen hambre, niños? —les preguntó.

—No queremos nada —le contestaron, mirando los tacos con miedo.

Ella los amenazó con el puño.

—Si no se los comen les voy a pegar —dijo—. No estoy jugando.

—Ya párale, Mago —le dije—. ¡Por favor!

Pero Mago me empujó y me dieron ganas de llorar. No podía creer que la agarrara contra ellos. No nos hicieron nada. Los niños no tenían la culpa de lo que nos dijo mami. Tampoco tenían la culpa de tener una mamá cerca y que la nuestra estuviera muy, muy lejos.

Me sentí horrible cuando los niños mordieron los tacos. De repente hicieron una cara de fuchi y escupieron todo al suelo.

—¿Qué tienen?

—Son tacos de frijoles —les dijo Mago.

—No los queremos —respondieron ellos y se fueron corriendo para buscar a su madre.

—¿Por qué lo hiciste, Mago? —pregunté.

En la calle, doña Paula se preparó para irse y levantó a uno de sus hijos. Le dio un beso en la boca y lo subió al burro. Luego cargó al más pequeño. Pero cuando lo besó hizo un gesto de asco. Lo olió una y otra vez, y después le limpió algo que traía en la boca.

—Hueles a caca, mijo —le dijo, y lo volvió a oler—. Es caca. ¿Qué comiste?

El pequeño nos señaló y dijo que les dimos unos tacos de frijoles.

—Ahhhh, brujillas, ¿por qué les dieron caca a mis hijos?

Antes de que la abuela Evila nos castigara, corrimos hasta el fondo del patio y nos trepamos a un árbol. La abuela nos gritaba, pero no le hicimos caso y ahí nos quedamos. Luego se acercó con una rama en la mano, seguro para pegarnos.

—Más vale que se bajen de una vez —nos dijo, pero no lo hicimos. Se cansó de gritar y se metió en la casa—. Ya bajarán cuando tengan hambre.

Nos quedamos allí un buen rato, hasta que Élida y Carlos regresaron de la escuela. Carlos nos pidió que bajáramos. Como no nos convenció, se subió al árbol y se sentó a nuestro lado para que le contáramos lo que habíamos hecho.

—La gente nos llama huérfanitos porque eso somos, ¿que no te das cuenta? —dijo Mago.

Carlos trató de hacerla reír, contándole sus chistes favoritos de un niño llamado Pepito.

—Cállate —le dijo Mago.

El sol se ocultó y muy pronto aparecieron las luciérnagas. Los mosquitos no nos dejaban en paz. Teníamos las nalgas entumecidas por estar sentadas en las ramas tanto tiempo. Desde allí arriba pudimos ver cuando llegó la tía Emperatriz.

—Ay, niños ¿qué hacen arriba de ese árbol y a estas horas?

Nos bajamos y le contamos lo que había pasado. Ella trató de impedir que la abuela Evila nos pegara, pero no lo logró. Mi abuela nos castigó a cada uno, comenzando por Mago, porque ella fue la de la idea. Mago se mordió los labios para no llorar cuando sintió que la rama zumbaba en el aire y azotaba sus piernas, su espalda y sus brazos. Carlos sí lloró. Primero porque él no había hecho nada y segundo porque la abuela lo obligó a bajarse los pantalones, diciéndole que si le pegaba con los pantalones puestos no aprendería la lección. Yo grité como si fuera la mismísima Llorona, y rogué que viniera mi madre desaparecida.

5

En septiembre cumplí cinco años y poco después Mago cumplió nueve. Un sábado a la mañana, mi abuela le entregó de mala gana a la tía Emperatriz el dinero que nuestros padres enviaron para que nos comprara un pastel. Era el tercer cumpleaños que celebraba sin papi, y el primero sin mami.

El pastel era hermoso, blanco y cubierto por unas flores rosas de azúcar. Mi tía tomó fotos para mandárselas a nuestros padres. Casi nunca nos tomaban fotos. Me emocioné al pensar que llegarían a El Otro Lado, para que las vieran papi y mami. Así se iban a acordar de nosotros, sus tres hijos, que los estábamos esperando.

Sonreí lo más que pude para agradecer el dinero con el que compramos el pastel. Carlos medio sonrió. A él le daban pena sus dientes chuecos. Mago no sonrió. Nos dijo que si la veían triste se darían cuenta de lo mucho que los extrañaba y eso los haría volver. Pero eso no sirvió. Les mandamos las fotografías, pasaron los meses y nuestros padres no regresaron.

Pero quien sí regresó fue la mamá de Élida. Llevábamos poco más de un año viviendo en la casa de la abuela Evila cuando Élida cumplió sus quince. Se convirtió en señorita, una mujercita, y su madre vino a Iguala para celebrar ese momento tan importante en la vida de su hija. Una quinceañera es el sueño de toda niña: una fiesta donde puedes usar un hermoso vestido de princesa, bailar el vals, mientras todos te ven y aplauden porque te has transformado en una mujercita.

Mi tía llegó con muchísimas maletas. Tuvo que tomar dos taxis desde la estación de camiones hasta la casa de la abuela Evila. Todos la saludaban muy contentos, pero nosotros nos escondimos en un rincón de la sala, mirando las maletas. Queríamos saber si mami y papi nos habían mandado algo.

El hermanito menor de Élida, Javier, tenía seis años y estaba bien agarrado a la tía María Félix. Cuando Élida trató de darle un abrazo a mi tía, Javier la empujó.

—¡Nooo, ella es mi mamita! —gritó.

La abuela Evila lo regañó.

—Ella también es mamá de Élida —le dijo, pero él no la soltó.

Luego, mi tía nos miró y nos dio la peor noticia de todas:

—Su madre acaba de tener una niña —nos dijo—. Creo que se llama Elizabeth, así le puso su mamá.

Con el corazón apachurrado nos fuimos al cuarto del abuelo y nos acostamos en nuestra cama.

—Una niña —dijo Mago.

Sí, habían tenido una niña como yo y como ella. Carlos no tenía que preocuparse. Él seguía siendo el único niño. Pero . . . ¿y nosotras? ¿Nos seguían queriendo nuestros padres, ahora que tenían una nueva hija? Una bebita nacida en Estados Unidos. Eso me hizo enojar mucho, ¡porque ya no era la más chiquita! Una niña que no conocía quitó mi lugar.

Al día siguiente vinieron todos mis primos para ver qué les había traído la tía María Félix de El Otro Lado. La vimos darles regalos: una camisa, un par de zapatos, un juguete. Esperamos nuestro turno y cuando las maletas ya estaban vacías, la tía María Félix nos miró con tristeza y dijo:

—Sus padres les mandaron algo, pero por mala suerte se me perdió esa maleta en el aeropuerto.

—¡Mentira! —dijo Mago—. Esos juguetes que regalaste eran nuestros. Lo sé. Estoy segura.

—Niña insolente —dijo la abuela Evila—. Te voy a enseñar a respetar a tus mayores.

Para cuando se desabrochó la sandalia, ya los tres íbamos corriendo rumbo al patio y nos subimos a los árboles.

—Nos pudo dar algo de lo que trajo. ¿Qué culpa tenemos de que se le perdió la maleta? —dijo Carlos.

—¡No seas tonto! —le gritó Mago, pegándole en el brazo. Se bajó de la rama, saltó la cerca y se fue a la casita donde habíamos vivido.

* * *

El día de la fiesta, todo era para Élida. Una peluquera le hizo un peinado con trenzas decoradas con moños de color rosa y blanco. Su madre, la abuela y la tía Emperatriz la ayudaron a ponerse la crinolina, la faja y un hermoso vestido color rosa hecho con metros y metros de satén y tul. Me enojaba mucho ver a la tía Emperatriz tan entusiasmada con Élida. Casi nunca le hacía caso, pero con nosotros era muy buena.

Todos se fueron a la iglesia para la ceremonia, mientras nosotros nos pasamos toda la mañana desplumando pollos. Al terminar, todo el patio estaba lleno de plumas y algunas flotaban en el aire como pétalos de flores. Más tarde, aunque nos bañamos con champú de manzana, seguíamos oliendo a plumas de pollo mojadas, y de vez en cuando encontrábamos una pluma escondida en nuestros cabellos. Me imaginé que me estaba convirtiendo en una paloma que volaba en busca de sus padres.

La quinceañera se celebró en un hermoso salón de recepciones. Élida parecía una princesa, con su vestido de color rosa y zapatillas que le hacían juego. Mago se pasó toda la fiesta sentada en una esquina del salón, sintiendo lástima de sí misma y celos de Élida.

—¡Esa tonta ojos de sapo no se merece esta estúpida fiesta!

Carlos aprovechó que todos estaban muy ocupados con la fiesta y se fue a la cocina para comer todo lo que quiso. Yo me la pasé todo el tiempo escondida bajo una mesa llorando porque mis papás me habían cambiado por una nueva bebé.

Solo salí para ver el vals, lo mejor de una quinceañera. Élida bailó con su chambelán y luego con los padrinos. El último vals tenía que bailarlo con su padre, pero como no estaba, lo bailó con el primo de mi tía, que era carnicero. Criaba cerdos y tenía un restaurante donde vendía pozole, chorizo, chicharrón y todo lo del cerdo.

—Mira cómo baila con el hombre de los cerdos —dijo Mago—. Es lo que se merece.

Mis ojos se llenaron de lágrimas al ver bailar a Élida con un hombre que no era su papá. Recé para que papi regresara pronto. Cuando cumpliera mis quince años no quería bailar con nadie que no fuera él.

Mientras la tía María Félix estaba haciendo sus maletas para regresar a Estados Unidos, Carlos le preguntó:

—Tía, ¿cómo es El Otro Lado? —Quería saber más del lugar donde vivían mami y papi.

—El Otro Lado es muy bonito —dijo mi tía—. Todas sus calles están pavimentadas y no hay caminos de tierra. No se ve basura en las calles, como aquí, porque hay camiones que todas las semanas pasan por ella. Pero lo mejor de todo es que allá los árboles son muy especiales. En lugar de hojas tienen billetes.

Sacó de su cartera unos billetes verdes y nos los enseñó.

—Estos son dólares —nos dijo.

Nosotros nunca habíamos visto esos billetes, tan verdes como las hojas de los árboles que trepábamos.

—¡Ahora imagínense un árbol lleno de billetes!

Mi tía María Félix se fue al atardecer con el pequeño Javier, y le prometió a Élida que pronto mandaría por ella. Por ahora, mi prima debía quedarse y ver cómo un taxi se llevaba a su madre. Mi abuela Evila la abrazó mientras ella lloraba. Era raro verla con la cara llena de lágrimas. Su mirada burlona desapareció. La Élida que se reía de nosotros, que nos decía huerfanitos, se había convertido en una niña llorona, sola y con el corazón roto.

Mago nos tomó de las manos y nos llevó al patio trasero, para dejar tranquila a Élida con sus cosas.

—Los quiero mucho —nos dijo, y nos abrazó.

Me di cuenta de que Carlos, Mago y yo teníamos suerte porque estábamos juntos. Élida no tenía a nadie más que a la abuela Evila.

Hablamos sobre esos árboles de dólares tan especiales. Aunque sabíamos que lo que nos había dicho nuestra tía no era verdad, igual soñábamos con ellos.

—Si aquí tuviéramos árboles como esos, papi estaría aquí —dije—. Podría comprar los ladrillos y el cemento para construir nuestra casa con sus manos.

También hablamos del día en que nuestros padres volverían. Carlos se imaginaba que llegarían en su helicóptero privado.

—Ya me los imagino aterrizando en el centro de nuestro jardín —nos dijo.

Nos reímos al imaginar a papi bajando del helicóptero con el cabello despeinado por el viento y su cara enmarcada por unos lentes de aviador, con mami junto a él, muy elegante. En nuestra fantasía, toda la colonia corría para verlos llegar a casa, y nosotros ahí, a su lado, bien orgullosos.

6

Después de sentirme prisionera en casa de mi abuela, por fin me tocó ir a la escuela. Y sería libre, aunque fuera por un rato. Tuve que esperar mucho tiempo. La abuela Evila no me mandó al kínder. ¡Pero por fin ya iba a estar fuera de casa, lejos de ella! Lo mejor de todo era que iba a tener mis propios libros, como los que Mago y Carlos traían a casa. Libros llenos de cuentos divertidos y poesía, con dibujos bonitos. Me gustaba mucho cuando Mago me leía sus libros, pero yo quería aprender a leerlos yo misma.

A las ocho de la mañana en punto, Carlos, Mago y yo nos formamos con los demás estudiantes en el patio de la escuela, para cantarle a la bandera.

La escolta marchaba alrededor del patio. Cuando la bandera pasó frente a mí, me paré bien derechita y puse mi mano en el pecho para hacer el saludo, mientras cantaba el himno nacional.

Mago me enseñó a estar orgullosa por ser de Iguala, porque allí se firmó el tratado para terminar la guerra de Independencia. Allí fue donde nació la primera bandera de México, el 24 de febrero de 1821. Por eso, a Iguala le dicen la Cuna de la Bandera. También en Iguala fue donde se tocó por primera vez el himno nacional. Escuchar eso lo cambió todo. Mientras cantaba el himno, sentí que se me inflaba el pecho, y miré a nuestra bandera con otros ojos. ¡Me gustó más! ¡Qué orgullo me daba el haber nacido en Iguala de la Independencia!

Mi escuela era pequeña y todos los salones de clase daban al patio. Había dos baños, uno para niñas y otro para niños, solo que teníamos que usar una cubeta para echarle agua a la taza. Por lo menos había baño, porque en casa no teníamos.

Después del saludo a la bandera, nos pusimos en fila por clase. Los maestros nos llevaron a los salones. Nos sentamos y luego mi maestro comenzó la lección enseñándonos el alfabeto. Nos decía que eso se aprende en el kínder, pero muchos de nosotros no fuimos al kínder. Repetimos lo que nos decía el maestro. Yo me sentía muy orgullosa porque ya sabía las letras de mi nombre. Mago me las había enseñado. Cuando el maestro dijo que lo escribiéramos, ¡yo lo hice solita! Escribí sin mirar al pizarrón: R-E-Y-N-

De repente sentí un dolor terrible en mi mano y tardé un segundo en entender. Fue el maestro. Me había golpeado con su regla.

—¿Qué haces? —me preguntó. Tenía la regla en su mano derecha. Se daba golpecitos en la otra palma, sin dejar de mirarme.

—Estoy escribiendo mi nombre —le dije—. ¿Quiere ver?

Levanté mi cuaderno nuevo para que lo viera. Ojalá que se diera cuenta de cómo había dibujado la letra Y con un adorno bien bonito, así como me enseñó Mago.

—No escribas con esa mano —me dijo, y me quitó el lápiz de la mano izquierda. Me lo puso en la otra mano, la derecha, y dijo que esa era la mano correcta—. Si te veo usando la mano izquierda te volveré a pegar, ¿entendido?

Sentí cómo todos en el salón dejaban de escribir para mirarme. Mis ojos se llenaron de lágrimas. Respiré hondo y solo asentí con la cabeza. Cuando el maestro por fin se fue, me quedé viendo el cuaderno. Escribí y borré, escribí y borré, y por más que lo intentaba las letras no me salían bien. Era como tratar de escribir con mi pie.

La abuela Evila y Élida siempre se burlaban de mí por ser zurda. El padre de mami también era zurdo. Murió una semana antes de que yo naciera. Mami me decía que él me había dado ese regalo. Así lo vi siempre, como un regalo de mi abuelo, hasta que llegué a la casa de la abuela Evila. Ella no pensaba lo mismo. Me dijo que la mano izquierda era la mano del diablo y que yo era como un demonio por usarla. A veces, durante la comida, me pegaba con una cuchara de madera y me obligaba a usar la mano derecha.

«¿No sabes que el lado derecho es el lado de Dios?», me preguntaba. «El izquierdo es el lado de la maldad. Tú no quieres ser mala, ¿verdad?».

Como a mí me daba miedo lo del diablo, trataba de comer con la mano derecha, pero la cuchara enseguida volvía a la otra mano.

Así como mi abuela y como Élida, que me llamaba «Chueca», ahora mi maestro también me hizo sentir vergüenza de mi mano izquierda. Él no entendía que el lápiz sólo le hacía caso a esa mano. Cuando traté de escribir mi nombre con la otra, las letras me salieron torcidas y feas. En ese momento odié mi nombre. Y odié al maestro. Y también odié la escuela.

A la hora del recreo me encontré en el patio con Mago y Carlos, abajo de la jacaranda. En la entrada de la escuela unas señoras vendían comida. Tenían canastos llenos de enchiladas, taquitos y picaditas. Olía bien rico a salsa de chile guajillo, queso fresco y cebolla.

—¿Vamos a comprar? —les dije.

Mago se rio.

—La abuela nunca nos da dinero para comida. Más vale que te acostumbres —dijo Carlos.

Nos quedamos viendo cómo las señoras servían la comida para los estudiantes que la podían pagar. No éramos los únicos a los que la tripa nos gruñía. Un montón de niños de la escuela estaban pegados a las paredes, agarrándose sus panzas vacías, mirando los puestos con cara de hambre.

Vi unos botes de vidrio grandotes que tenían aguas frescas de melón, sandía y piña, con pedazos de hielo flotando. Tenía la garganta seca, pero allí en la escuela nada era gratis.

Por segunda vez en el día, volví a llorar.

—¡Odio la escuela! —dije.

Mago se quedó mirando a un niño de mi clase que venía hacia nosotros y se estaba comiendo un mango. De repente, el mango se cayó al suelo. Parecía que el niño lo iba a recoger, pero lo dejó allí, y se fue medio enojado. Vi a Mago y supe lo que estaba pensando.

Cada vez que íbamos a hacer algún mandado, ella buscaba comida en el suelo. A veces encontraba, a veces no.

Mago se quedó viendo el mango con ganas.

—Agárralo —le dijo a Carlos, y se lo señaló.

—Ve tú —le respondió él.

—¡Me van a ver mis compañeros! Mejor ve tú, nena.

—No —le respondí.

Ella me miró feo, pero sabía que tarde o temprano me haría recogerlo.

—Mago, no comas cosas del piso. Son malas y las besó el diablo —le dije.

—Esos son cuentos de la abuela Evila para asustarnos —dijo.

La abuela nos decía que cuando la comida se cae al suelo, el diablo, que vive debajo de nosotros, la besa y la contamina con su maldad.

—Mira, yo no sé si el diablo existe, pero no me importa. Tengo hambre, así que, ¡ve por ese mango!

Me empujó para que lo recogiera, pero me negué.

Cierto o no, yo no me iba a arriesgar, aunque se me hacía agua la boca al imaginar que estaría bien rico.

Sonó la campana y los niños corrieron hacia sus salones. Mago y Carlos se despidieron. Me quedé parada bajo la jacaranda. Mis pies no se movían. No quería regresar a pelearme con el lápiz. No quería que el maestro me hiciera sentir tonta o mala. No quería que me pegara otra vez y que mis compañeros se rieran. Pero si no regresaba no iba a aprender a leer y escribir. Y entonces, ¿cómo les iba a escribir a mis papas para pedirles que por favor regresaran?

Cuando iba para el salón, el mango seguía tirado en el suelo, bien amarillo, con chile y un poco de tierrita. *¿Y si Mago no mentía? ¿Si el diablo no existe? Entonces mi mano izquierda no es mala. Y yo tampoco soy mala.* Miré a mi alrededor y no vi a nadie en el patio. Recogí el mango del suelo. Le quité la tierrita y lo mordí. Me picó la lengua, pero estaba bueno. Esperé a que viniera el diablo por mí, pero no vino. Solo vi las flores moradas de la jacaranda, los coloridos papeles picados colgando en hileras sobre la calle y la cruz de la iglesia que brillaba bajo el sol. Las campanas de la iglesia comenzaron a sonar.

Regresé a clase y el maestro me miró enojado. Ya en mi asiento, me quedé viendo el lápiz. De repente vi que el maestro se acercaba, moviendo su regla de arriba abajo, una y otra vez. Agarré mi lápiz bien fuerte con mi mano izquierda.

7

Mago y Élida agarraron la costumbre de pararse en la entrada de la casa para esperar al cartero, que llegaba en su bicicleta. Si traía cartas sonaba su campanita. *Tilín, tilín, tilín*. Era un sonido suavecito que daba gusto oír. Pero para mí era como el piquete de una aguja en mi corazón, porque nunca sonaba para nosotros. Solo para Élida o para los vecinos.

Un día, vimos al cartero que batallaba para manejar su bicicleta en el camino de tierra. No era tan bueno como el panadero. Atada a su bicicleta llevaba una caja y tan pronto se acercó hizo sonar su campanita. Como el tilín de la campanita no era para mí, sentí una punzada en el corazón. Élida nos empujó a un lado. Le sonrió al cartero y estiró las manos para recibir la caja. En dos días sería Navidad. En México, a los niños solo les traen regalos Los Reyes Magos, el 6 de enero, pero la mamá de Élida le mandó un regalo de Navidad porque así se acostumbra en El Otro Lado, y ella conocía la cultura estadounidense.

¡Pero la caja no era para Élida! El cartero se la entregó

a Mago y siguió su camino rumbo a otra casa, como un hada tintineando mientras desaparecía a lo lejos.

—¡Ese estúpido cartero se equivocó! —gritó Élida, y trató de arrebatarle la caja a Mago.

—No es cierto —le respondió Mago. Carlos y yo también nos aferramos a la caja, para que Élida no se la llevara. Al darse cuenta de que la caja tenía el nombre de Mago, ella se fue refunfuñando y llamando a la abuela Evila.

Abrimos la caja para ver lo que traía. ¡Eran regalos de nuestros padres! Papi y mami nos habían mandado a Mago y a mis dos vestidos iguales. La parte de arriba era blanca y la de abajo morada, como flor de jacaranda. El cuello tenía un encaje bien bonito y una hermosa orquídea de seda. También venían unos zapatos de charol brillantes. Y para Carlos dos pantalones y una camisa.

Corrimos a toda prisa hacia el cuarto del abuelo para probarnos esa ropa bonita. Pero papi y mami no se dieron cuenta que habíamos crecido. Como si el tiempo no pasara en El Otro Lado y nosotros siguiéramos igual de pequeños. Los zapatos y los vestidos eran demasiado chicos y no nos quedaron.

—¿Y ahora qué? —preguntó Carlos, y se quitó su camisa nueva que le apretaba—. Mejor nos hubieran mandado juguetes.

Mago le pegó en la cabeza.

—Ayyy, ¿por qué me pegas? —le preguntó Carlos, sobándose.

Mago se sentó en la cama y suspiró.

—No lo sé —dijo, y se quedó mirando fijo hacia el piso.

¿Qué estaría pensando? Me moría de ganas por ponerme los zapatos. Estaban nuevos. Eran un regalo de nuestros padres, venían de Estados Unidos. ¡Pero no sabían ni mi número de zapatos!, y por eso me dieron ganas de tirarlos a la basura.

En ese momento supimos que la distancia entre nosotros se hacía más y más grande.

Mago se levantó y dijo:

—Ven, nena. Vamos a lavarnos los pies. —Y ya limpios de tierra, nos probamos esos zapatos bien bonitos y brillantes—. Encoge tus dedos —me dijo Mago. Así lo hice para que no me lastimaran mucho.

Mago, Carlos y yo nos tomamos de las manos y comenzamos a dar vueltas en círculos, girando y girando, hasta formar una espiral morada, rosa, blanca y azul. Luego, sin soltarnos, corrimos hasta la calle, donde nos pusimos a reír y a llorar al mismo tiempo.

Al pasar frente a la tienda de don Bartolo, cruzar por el terreno baldío hasta la iglesia, seguir por el molino y luego por nuestra vieja casa, la gente nos miraba y nadie se atrevía a decirnos «pobres huerfanitos». Nuestros vecinos chuleaban nuestras ropas y nuestros zapatos, que nos llegaron desde muy lejos, sin saber que cuando volviéramos a casa tendríamos los pies llenos de ampollas.

8

Cuatro años después de que papi se fuera a Estados Unidos, y dos años después de que mami lo siguiera, por fin comenzó la construcción de nuestra casa. Eso sólo quería decir una cosa: ¡que ellos pronto volverían!

En las cartas que le había escrito a mami desde El Otro Lado, papi había hablado de la casa de sus sueños. Sería de ladrillos y con un piso brilloso de concreto. Tendría tres cuartos, unas ventanas altas y anchas para que entrara la luz del sol, con las paredes pintadas de un azul parecido al maquillaje que usaba mami.

Papi quería que en la casa hubiera televisión, estéreo, estufa y un refrigerador. Sería una casa con electricidad, gas y agua corriente, y también con un baño adentro, que tendría regadera y me haría sentir como si estuviera bajo la lluvia en un día de verano.

Mi abuela le había dado a mi papá una parte de su terreno, y nuestra casa se estaba construyendo junto a la de ella ¡Qué horror! Mago, Carlos y yo no queríamos vivir junto a la abuela Evila. Pero así nuestros padres ahorrarían un poco de dinero, y no había de otra.

Una mañana, los albañiles llegaron muy temprano para derrumbar la letrina y la casita donde nací. Me quedé allí parada, triste porque la estaban destruyendo. Mago me abrazó y dijo:

—Solo piensa en lo que van a hacer allí.

Los albañiles regresaron al día siguiente y luego al otro y al otro, para empezar a construir los cimientos y las paredes. Al salir de la escuela, Mago, Carlos y yo bajábamos corriendo desde la colina para ayudar. Carlos le echaba muchas ganas. Era rápido para cargar ladrillos y cubetas de cemento.

Los ladrillos nos lastimaban los dedos y por la noche el dolor nos robaba el sueño. Cada día que pasaba le echamos muchas ganas para construir nuestra casa. Cuando los dedos nos dolían y nuestras rodillas se nos doblaban con el peso de las cubetas del cemento, lo que nos daba fuerzas era saber que entre más rápido trabajáramos más rápido tendríamos de nuevo una familia.

Pero muy pronto los albañiles dejaron de venir. A finales de febrero, cuando Carlos cumplió nueve años, ya no regresaron.

—Sus papás se quedaron sin dinero y la casa tendrá que esperar —nos dijo la abuela Evila.

Todas las mañanas, antes de irnos a la escuela, nos parábamos frente a la puerta a ver si aparecía la camioneta con los albañiles. Y en la escuela, lo único que hacíamos era mirar hacia la ventana y suspirar.

Al final de la semana, Mago dejó de esperar a los albañiles.

—De nada sirve —dijo—. No importa qué tantas cubetas de cemento y ladrillos ayudemos a cargar, nunca se construirá esa casa porque es un sueño tonto, tan tonto como nuestro sueño de tener una familia.

—¡Sí la van a terminar! —dijo Carlos—. ¡Van a regresar! —Luego se echó a correr. Cuando llegamos a la puerta de la escuela no estaba por ningún lado.

Al regresar de la escuela, entré a la casa y me acerqué a donde estaba El Hombre Detrás del Vidrio.

—¿Hasta cuándo? ¿Hasta cuándo estarán lejos? —le pregunté, pero no me respondió, igual que siempre.

9

Los alacranes vivían con nosotros desde siempre. Mami nos enseñó que todas las mañanas teníamos que revisar nuestros zapatos antes de usarlos. Y por la noche, sacudir las cobijas por si tenían algún alacrán. También nos hacía sacudir nuestra ropa antes de vestirnos y no nos dejaba recargarnos en las paredes. Por eso, nos daba miedo si teníamos que buscar algo en el ropero o en los cajones oscuros.

Pero al anochecer, mientras dormíamos, ¿qué podíamos hacer para que un alacrán no se subiera a la cama o cayera del techo?

Una noche me levanté gritando. El trasero me dolía como si me quemara y enseguida supe qué era.

—¡Mami! ¡Mami! —grité con toda mi fuerza.

—Nena, ¿qué te pasa? —me preguntó Mago.

—Un alacrán —dije.

Mago salió corriendo del cuarto para pedir ayuda. Carlos saltó de la cama y se quedó a mi lado, sin tocarme, con miedo de que el alacrán también lo picara a él. Mi abuelo roncaba en su cama y no se despertó para ayudarnos.

—¡Mami! —grité de nuevo, pero ella no respondió a mi llamado. El dolor me hizo olvidar que ella no estaba. Fue mi tía la que llegó corriendo. Entró al cuarto preguntando qué me pasaba.

El alacrán se escondió en mi vestido y cuando mi tía me lo quitó sentí otro piquete en mi cuello. El dolor subió desde mi cuello y hombros hasta mi cara.

—Mago, ve y corta un pedazo de cebolla y trae alcohol —dijo la tía Emperatriz.

Mi hermana corrió hasta la cocina, mientras mi tía y Carlos buscaban al alacrán. En el pueblo se decía que si matas al alacrán que te picó su veneno pierde poder.

—¿Qué escándalo es ese? —preguntó la abuela Evila al pararse junto a la puerta y frotarse los ojos. Cuando la tía Emperatriz le habló del alacrán, ella comenzó a buscarlo por todo el cuarto.

—Allí está —dijo, señalando al alacrán amarillento que caminaba por la pared de adobe. Apenas se podía ver. El foco que colgaba encima de nosotros no daba mucha luz. Todos suspiramos cuando lo vimos meterse en un hueco y desaparecer.

La tía Emperatriz frotó alcohol sobre los piquetes y amarró rodajas de cebolla con tiras de tela. Comencé a llorar. Sentí como si miles de agujas calientes se hundieran en mi cuerpo. Mi cara, mis manos y mis pies se me comenzaron a entumir. La tía Emperatriz me obligó a tragar un huevo crudo.

—Esto hará que el veneno no te haga daño —dijo.

—Hay que llevarla al doctor —dijo Mago y se sentó a mi lado, apretándome la mano.

—No hay dinero para eso —le respondió la abuela Evila.

—Con el huevo puede que el veneno no le haga tanto daño —dijo mi tía—. Además, Mago, acuérdate de que cuando a ti te picó uno no pasó nada.

—Es que a mi me hacen los mandados los alacranes —dijo Mago con orgullo—, además soy escorpio y por eso los alacranes no me hacen nada a mí. Pero, por favor, tía, hay que llevar a Reyna al doctor.

—No hay dinero —volvió a decirla abuela Evila.

—Yo estaré al pendiente —dijo mi tía—, y si no mejora en la mañana la llevaré a que la atiendan. Ahora, váyanse a dormir.

La tía Emperatriz me cargó y me llevó a la sala, donde ella dormía en una cama que estaba en un rincón. Se recostó a mi lado y pronto me quedé dormida entre sus brazos.

A la mañana siguiente todo el cuarto me daba vueltas. No podía levantarme y cada vez que trataba, me daban ganas de vomitar. Cuando por fin lo logré, tambaleaba de un lado a otro.

Mi tía no fue a su trabajo y se quedó a cuidarme. Me sentía como si dentro de mi cabeza hubiera una guitarra. Ella me sostenía por la cintura con firmeza y me ayudaba a caminar hacia la letrina, pero a cada paso la guitarra sonaba más y más fuerte y vibraba de una manera insoportable.

—Necesita un médico, amá —le dijo mi tía a mi abuela—. Está ardiendo de fiebre. No hay que correr riesgos, porque si algo le pasa, Natalio . . .

—Él y Juana decidieron dejar a sus hijos —dijo la abuela Evila, mientras limpiaba los frijoles—. Yo no pedí esto. Mírame, tengo setenta y un años. ¿Crees que yo estoy para cuidar a tres niños más, aparte de la que ya estoy cuidando?

—Se fueron porque quieren construirles una casa, amá —dijo la tía Emperatriz.

—No van a regresar, te lo aseguro —le respondió la abuela Evila, mientras sacaba dinero de su bolsa—. Mira a María Félix. Ya pasaron nueve años y cada vez que Élida le pregunta cuándo va a regresar, ella pone todo tipo de pretextos. Pero nada más eso, solo pretextos. Luego soy yo la que tiene que secar sus lágrimas y consolarla.

Fuimos a esperar un taxi. Aunque estaba mareada y temblorosa, me daba gusto irme en taxi. Era raro que me subiera a un coche o que saliera de la colonia. En camino al doctor le pregunté a la tía Emperatriz si ella pensaba que la abuela Evila tenía razón.

—¿Crees que no van a regresar mis padres?

—No lo sé, Reyna. Por lo que he escuchado, El Otro Lado es un lugar hermoso. Pero mira qué feo está aquí —me dijo.

Al mirar por la ventana vi basura en el canal, casas viejas en ruinas y otras hechas de palitos. Vi a los niños sin zapatos y con las panzas llenas de lombrices. La calle cubierta de caca de caballo. Los perros flacos y con muchas moscas. Pero también vi las montañas verdes y el cielo azul. Los árboles de jacaranda llenos de flores moradas, las buganvilias que trepaban las paredes. Vi la calle empedrada que subía a la hermosa iglesia La Guadalupe, con papel picado de colores volando en el aire.

—¿No crees que aquí también hay cosas bonitas? —le pregunté a mi tía.

No dijo nada. Solo miró por la ventana del taxi. Yo iba pensando en lo bonito que era Iguala. Pero cuando el taxi se paró en la plaza, vi a todas las familias: papás y mamás de la mano con sus hijos. De repente, todo lo bonito de Iguala se me hizo feo.

Si mis papás no estaban conmigo, ¿de qué servía esa belleza?

La tía Emperatriz dijo que durmiera con ella esa noche, aunque ya me sentía mejor luego de la inyección. Me metí a su cama y la vi salir del baño, secándose el cabello con una toalla. Cuando apagó la luz, se sentía extraño estar ahí, tan cerca de otra mujer que no era mami. En los dos años sin ella, ya se me había olvidado cómo era.

Oía la respiración suavecita de mi tía y me dieron ganas de acurrucarme a su lado, de enterrar mi cara en su pelo que olía a rosas. En vez de eso, me alejé al otro lado de la cama, lo más lejos que pude, y pensé en mi mamá.

Un día en clase, aprendimos los sonidos de las letras. El maestro escribió en el pizarrón: *Mi mamá me mima. Mi mamá me ama.* Teníamos que repetir cuando él señalaba cada frase: «Mi mamá me mima. Mi mamá me ama». De repente, se me cerró la garganta y las lágrimas brotaron sin aviso. Cuando él nos pidió que escribiéramos diez veces esas oraciones, la mano no me paraba de temblar. Luego escribí esta pregunta: «¿Me ama mi mamá?».

Si me amaba, ¿entonces por qué se fue?

¡Cómo quisiera tener una foto de mami! Ya se me estaba olvidando su cara, a qué olía y cómo se sentía cuando la tocaba. No recordaba su voz ni su risa. Cada vez que cerraba los ojos para recordarla, lo que oía era la risa de la tía Emperatriz. Si respiraba hondo, olía el champú de rosas de mi tía.

10

Por fin terminó el año escolar y para celebrar nuestras buenas calificaciones, ¡por primera vez iríamos al cine! La tía Emperatriz nos llevaría a ver la película *La niña de la mochila azul*, con Pedrito Fernández.

Corrimos al pozo comunitario por agua para bañarnos. Al regresar a casa, mi cubeta estaba casi vacía, me dolían los tobillos y mis palmas estaban rojas y con ampollas.

Pero yo solo pensaba en Pedrito Fernández y lo podía escuchar cantando mi canción favorita: «La de la mochila azul, la de ojitos dormilones».

Yo iba cantando esa canción cuando de repente me paré en seco al ver a una señora en medio del patio con una bebé. Tenía un vestido lila y tacones dorados que brillaban con el sol. Llevaba lentes oscuros. Su cabello era rojo y ondulado. Parecía una estrella de televisión. La niña era gordita y su vestido rosita. Sus cachetes estaban inflados, como si tuviera algodón de azúcar en la boca. Nunca había visto una niña así.

—Bueno, ¿que no van a saludar a su mamá? —preguntó la señora con una sonrisa.

Nos quedamos en la entrada con las cubetas en las manos.

—¿Qué esperan? —dijo la abuela Evila—. Vayan a preparar sus cosas.

La tía Emperatriz me quitó la cubeta.

—Denle un beso a su mamá —nos dijo en voz baja.

Pero nosotros no nos movimos. Mami fue la que vino hacia nosotros. Me agarré del vestido de Mago y me escondí detrás de ella. Esta señora . . . no era mi mami. No era la mamá que durante dos años y medio traté de no olvidar.

—¡Miren nomás cómo han crecido!

Cuando se quitó los lentes y vi sus ojos, ya no podía negar que era mi madre. Carlos corrió a abrazarla. Yo me esperé para ver qué hacía Mago, para hacer lo mismo. Pero ella se quedó parada, con las cubetas en las manos. Élida, que estaba al lado de mi abuela, se metió corriendo a la casa y ya no volteó a vernos.

—¿Dónde está papi? —preguntó Mago—. ¿También va a venir?

—No, él no va a venir. Vayan por sus cosas para que nos vayamos —dijo mami

—¿Ya nos vamos? —pregunté. *¿Y la película?*

—Claro que sí —dijo mami— ¿No me digas que te quieres quedar?

—Voy por nuestras cosas —dijo Mago, y recargó su mano en mi hombro. Luego se metió a la casa, mientras Carlos y yo nos quedamos con mami.

—Ya tengo nueve años —le dijo Carlos, parándose bien derechito. Era casi del tamaño de mami. Yo me quedé viendo a nuestra hermanita, a la que nunca habíamos visto. *Sí, es de verdad. Es de carne y hueso.*

—Ven aquí, Reyna —dijo mami, y yo me acerqué y la dejé abrazarme. Con timidez, la abracé por la cintura. Era como un sueño. Tenía miedo de que de repente pudiera desaparecer otra vez.

Mi hermanita me jaló el pelo.

—¡Ayyy!

—-Betty, no —le dijo mami.

Me aparté de ella y me sobé la cabeza. Mago regresó con nuestras cosas en dos fundas de almohada y nos despedimos.

—Vengan a visitarnos —dijo mi tía, mientras nos acompañaba al portón.

Élida se quedó en el cuarto de la abuela Evila y no salió a despedirse.

—¡Espera! La foto —dije, cuando estábamos por irnos, y regresé corriendo a la casa. Aunque ya me sabía de memoria su cara, no podía abandonar a El Hombre Detrás del Vidrio.

Los tres nos sentamos en la parte trasera del taxi y mami adelante con su chiquita. Queríamos hacerle muchas preguntas, pero nadie las hizo porque el chofer comenzó a platicar con ella.

—Usted viene de El Otro Lado, ¿verdad? —le preguntó. En Iguala la gente se da cuenta cuando alguien ha vivido en Estados Unidos.

Mami se rio y le contestó que sí.

—Acabo de llegar anoche.

—¿Le gustó? ¿De verdad es tan bonito como dice la gente?

—Claro que sí —dijo mami—. Un lugar bien bonito.

—¿Y por qué regresó? No entiendo. Con lo mal que están las cosas aquí, todos se quieren ir para allá, no venirse para acá.

La pequeña comenzó a llorar y mami no contestó la pregunta.

Nos bajamos en la carretera y caminamos hasta la casa de la abuelita Chinta, uno detrás del otro, seguimos a mami. La brisa del atardecer esparcía algunas flores secas de buganvilia. El aire olía a humo y había montones de basura quemándose por las vías del tren. Caminamos junto a los rieles, haciendo crujir la grava bajo nuestros pies.

La casita de la abuelita Chinta era la única de carrizo, láminas de cartón con chapopote y techo de metal. Los vecinos tenían casas de ladrillo y cemento, y la más bonita era la de doña Caro. Su esposo era soldador. Ganaba buen dinero y su familia tenía refrigerador y agua corriente. La abuelita Chinta no tenía ni refrigerador ni agua corriente, pero sí estufa y electricidad. Le compraba agua al vecino y la acarreaba a casa en una cubeta.

Doña Caro estaba sentada en la entrada de su casa. Cuando vio a mami, le dijo:

—Regresaste, Juana.

Y a mí me dieron ganas de gritar: *¡Sí, mami ha vuelto y ya no somos los huerfanitos!*

Por fin pudimos hacer las preguntas que queríamos.

—¿Cómo está papi?

—Háblanos de Estados Unidos.

—¿Qué hacías allá?

—¿Nos extrañaste?

—¿Papi nos extrañó?

—¿Por qué no vino contigo?

—Mejor váyanse a jugar con sus nuevos vecinos —dijo mami, sin responder a nuestras preguntas. Sólo Carlos le hizo caso y se fue a jugar con los otros niños. Mami le pidió a Mago que cuidara a la pequeña mientras ella y la abuelita Chinta preparaban la comida.

Mago se negó.

—Es tu hermana —le dijo mami.

—Es tu hija —le contestó Mago, y se fue corriendo.

—Reyna, cuídala tú.

—Pero . . .

Me dio a la niña y como yo no era tan rebelde como Mago, le hice caso. La casita de mi abuela era un cuarto grande con una cama, una mesa, una estufa y una hamaca que colgaba del techo, donde dormía mi tío Crece.

La cama que una vez compartimos con mami estaba

en el rincón más alejado. Aquí no era como en la casa de la abuela Evila con cuartos separados.

Me senté en la cama de mi abuela y miré como mami preparaba arroz, carne y salsa verde. Por fin íbamos a comer bien, algo más que frijoles y tortillas.

Estaba tan feliz por la comida que, por un momento, se me olvidó que debía estar enojada por tener que cuidar a Elizabeth, o Betty, como le decía mami. Mi hermanita, una extraña. Tenía un año y tres meses de edad. Me miró y se rio. Por un lado, quería sonreírle, abrazarla y sentir en su su cuello el olor a talco y leche. Pero no lo hice. Me quedé viendo su carita y me dieron celos. Era más bonita que yo, con su cabello chinito. Sus ojos redondos, no rasgados como los míos, parecían maquillados con esas pestañotas.

La gente decía que en El Otro Lado había muchas personas de cabellos rubios, con los ojos azules como los de un cielo de verano, y la piel bien blanca como la panza de un cerdito. Pero esta pequeña, que había nacido en ese lugar especial y hermoso, era morena, más que Mago, y mucho más que yo.

Mami se olvidó de que yo estaba allí y dejó de hablar en voz baja, por lo que pude escuchar un poco de lo que le estaba diciendo a la abuelita Chinta. Algo sobre otra mujer. La pelea que tuvo con papi. Mientras hablaba preparaba una salsa verde, machacando los tomates asados en un molcajete con tanto coraje que el jugo saltó sobre su vestido, pero no le importó. Decía que odiaba a papi y no quería volver a verlo jamás.

—Me voy a vengar de él, amá, se lo juro.

—Cállate, Juana, no digas eso. Es el padre de tus hijos —le dijo la abuelita Chinta.

—Pero no puede ser verdad —dije—. ¡Papi no puede querer a otra mujer!

Mami levantó la vista, sorprendida, y al darse cuenta de que yo estaba allí, desde hacía un buen rato, se molestó conmigo.

—¿Qué haces aquí? Vete y no vuelvas hasta que yo te lo diga.

Betty comenzó a llorar y yo también, pero a mami eso no le importó.

—¡Vete! —volvió a gritar, y yo me eché a correr.

Afuera, Carlos jugaba a las canicas con los otros niños, pero Mago no saltaba la cuerda con las niñas. Yo llevaba a Betty en brazos y batallaba para que no se me cayera. Sus cachetes parecían de algodón de azúcar, ¡pero pesaba más que un saco de maíz! Mago estaba sola, con la mirada perdida más allá de los huizaches hacia las torres de la iglesia La Guadalupe, que estaban cerca de la casa de la abuela Evila. De lejos parecían como un par de dedos apuntando hacia el cielo. Detrás de las torres, se levantaba La Montaña con Dolor de Cabeza.

—¿La extrañas? —le pregunté.

—¿A quién? ¿A mami? Pero si acaba de llegar —me contestó—. ¿Y tú por qué lloras?

Empecé a llorar con más ganas. No sabía por qué, pero

sentí de nuevo ese hoyo en la panza al mirar hacia La Montaña con Dolor de Cabeza. Si mami ya había vuelto, entonces ¿por qué se sentía que no estaba aquí?

Carlos llegó con una gran sonrisa. Apuntó hacia la casa.

—¿Pueden creer que ella está aquí? Ahora todo va a ser como antes.

Mami se asomó por la puerta y nos pidió que entráramos. Al verla, supe por qué aún sentía ese vacío en la panza. Carlos estaba equivocado.

La mamá que estaba parada allí no era la misma que se había ido.

11

El dinero que mami trajo de El Otro Lado se acabó muy rápido. A mitad del verano ella buscó cómo ganar más, pero no pudo conseguir trabajo.

—La economía está muy dura para todos —dijo la abuelita Chinta.

Junto a la estación del tren estaba La Quinta Castrejón, un lugar lujoso donde la gente de dinero iba a nadar o a hacer fiestas. Nuestra colonia era muy pobre, pero La Quinta Castrejón se hallaba en medio de nuestra pobreza, burlándose, recordándonos lo que no podíamos tener. La rodeaba un muro de ladrillos con pedazos de vidrio roto arriba. En la entrada para los carros tenía a los lados palmeras, las únicas en el vecindario, como soldados haciendo guardia. Dentro del lugar había una enorme alberca y tres pequeñas para los niños, además de un patio de recreo con columpios, toboganes y un sube y baja. Todos los fines de semana había una boda o una quinceañera en el salón de banquetes.

—A este lugar no le afecta la crisis —dijo mami—.

La gente no deja de casarse y las muchachas no dejan de cumplir sus quince años.

Comenzamos a vender golosinas ahí los fines de semana. El sábado, luego de un almuerzo de sopa de letras y tortillas, mami preparó la mercancía. Cerca de las cinco de la tarde, Mago, Carlos y yo nos fuimos con mami. Betty se quedó llorando en casa. A ella no se le permitía venir. Mami quería que viniera con nosotros y que todos la acompañáramos, para que los invitados en La Quinta Castrejón se dieran cuenta que tenía cuatro bocas que mantener y que por lástima le compraran lo que vendía. Pero la primera vez que fuimos a vender, Betty se enfermó y la abuelita Chinta dijo que el rocío de la medianoche le hizo daño.

—Ella es gringa —dijo mami—. Por eso es tan frágil.

Pero nosotros tres teníamos sangre mexicana que nos ayudaba a no enfermarnos ni con el rocío ni con el frío de la madrugada. Así que nos tocó ir.

Cuando llegamos a La Quinta Castrejón nos sorprendió ver a otras madres arreglando sus puestos. También iban con sus hijos, y una de ellas tenía cinco, el más pequeño de ellos atado a su espalda con un rebozo. Mami se quejó en voz bajita y comenzó a poner su puesto. Sacó caramelos de menta, bolsitas de cacahuates y semillas de calabaza tostadas, cigarros y cerillos. Mago y yo la ayudamos mientras Carlos se fue al estacionamiento para ofrecerse como cuidador de autos a cambio de propinas.

Vimos que se acercaba una limusina. El chofer abrió

la puerta y bajó una jovencita con su vestido rosa esponjado y una tiara resplandeciente. Nos quedamos viéndola, mientras sus acompañantes la escoltaban hacia el salón, donde la gente la aplaudía y la felicitaba porque iba a convertirse en una mujercita.

Enseguida entraron todos los invitados, y nosotros nos quedamos en medio del frío de la noche, temblando y soplando nuestras manos para calentarlas. Era temporada de lluvias y en el cielo las nubes estaban panzonas de tanta agua. De vez en cuando, un relámpago iluminaba las montañas. Pero a mami no parecía preocuparle la tormenta que venía. Ella solo acomodaba su mercancía para que se viera bonita. Un hombre se acercó a comprar cigarros y se nos quedó viendo a mami, a Mago y a mí. Puse mi cara de tristeza, como me enseñó mami, para que el señor sintiera lástima y nos comprara algo. Pero de nada sirvió. Yo ya tenía siete años y no podía competir con el bebé del otro puesto, el que estaba tomando leche de su mamá. El hombre, que parecía un príncipe con su traje y su corbata, le compró a la señora del bebé y hasta le dio una propina extra para su niño.

No miré a mami. Sabía que estaba enojada. No nomás conmigo, sino con todos. Con el señor. Con la mamá de los cinco hijos. Con papi por meterla en esta situación. Y hasta con ella misma por haberse venido de El Otro Lado.

—Me hubiera quedado allá —decía de vez en cuando—. Natalio me abandonó y yo no conocía a nadie, pero me hubiera quedado. Allá hay trabajos, tal vez no muy buenos, pero por lo menos dan para comer. Aquí en México, con todo tan caro, es muy difícil sobrevivir.

Me recargué en la pared y traté de no pensar en ese hermoso lugar que ella extrañaba. Mami agarró su charola con cigarrillos y chicles, para ir a ofrecerlos en el salón de recepciones. A veces la corrían y otras veces, si los encargados eran buena gente, dejaban que se quedara un rato.

Mago y yo nos acercamos a donde estaba la alberca, para admirarla detrás de la reja de alambre. Desde allí podíamos verla brillar como una joya azul. Arriba de la taquilla había un cartel blanco con los precios de entrada. Mago me ayudó a sumar porque yo todavía no había aprendido a hacerlo con cantidades grandes. Con lo que costaba nadar allí podíamos comer dos días.

—Tu padre trabajó en esas albercas —dijo mami, y me sorprendió. Me di vuelta para verla y pensé que se iba a enojar por descuidar el puesto. Pensé que nos iba a gritar. Pero, en lugar de eso, nos dijo—: Su padre colocó los azulejos de esas albercas.

Volteamos a ver la enorme alberca y admiramos los azulejos azul marino de la orilla y de adentro.

—¿Eso lo hizo papi? —le pregunté. Sabía que él había trabajado en la construcción, pero no dónde.

—Un día, cuando regresó del trabajo, me dijo que tan pronto abrieran la alberca me invitaría a nadar —dijo mami. Apoyó su frente contra la reja y se quedó mirando la alberca—. Para agradecerles, el dueño invitó a los trabajadores a disfrutar de la alberca por un día sin pagar. Entonces su padre me trajo. ¿Lo pueden creer? Yo no sabía nadar, pero su padre sí. En todo momento, estuvo ahí para cuidarme. Yo tenía mucho miedo, pero él nunca me soltó.

Miré a mami y vi la alberca reflejada en sus ojos húmedos. Yo quería contarle lo que alguna vez me dijo Mago. Los recuerdos son tuyos para siempre. Le quería decir que mientras se aferrara a esos momentos especiales de ella y papi, siempre serían suyos, y la otra mujer no se los iba a poder quitar.

Pero ya mami se había secado las lágrimas y estaba mirando hacia el puesto, dándose cuenta de que no habíamos vendido nada. Se alejó a paso ligero, con los puños apretados, gritándonos que le ayudáramos o no habría dinero para comer al día siguiente.

—No puedo hacer todo yo sola —nos gritó enojada—. Ya están bastante grandes como para ayudarme.

Me quedé cerca de la reja. Entre el frío de la noche, se oía la música que venía del salón, hasta que llegó el momento del vals. Miré la alberca que papi ayudó a construir y me imaginé bailando el vals con él. En mi mente él me sostenía con firmeza, diciéndome al oído lo orgulloso que estaba porque me había convertido en una mujercita.

—Quítate de allí —me dijo mami, jalándome de la oreja. Me alejó de la alberca y sus hermosos azulejos para llevarme de regreso al puesto con Mago. Muy pronto comenzó a llover. Los invitados salieron corriendo rumbo a sus carros, sin siquiera mirar nuestras mercancías. Carlos y los otros niños corrían de un carro a otro, buscando propinas de los invitados. Algunos los dejaban con la mano estirada y aceleraban a toda prisa. Me preocupé por Carlos cuando lo vi saltar a un lado para que no lo atropellaran.

—Esta es la última vez que venimos aquí —dijo mami, aventando la mercancía dentro de una bolsa.

A mí nunca me había gustado venir, pero ahora me ponía triste pensar en no volver a ver las albercas.

—El próximo fin de semana nos va ir mejor, mami —le dije—. Vas a ver que si.

Pero mami no me escuchó. Nos puso las bolsas en los hombros, dobló la mesa y la cargó sobre su cabeza. Bajo la lluvia corrimos a lo largo del camino de entrada. Nos resbalamos con el lodo y los carros nos salpicaron al pasar. Los invitados daban vuelta en la carretera, hacia sus lujosas casas, y nosotros dimos vuelta hacia un camino oscuro y lodoso, rumbo a la casita de la abuela. A mami no le importó que ya no podíamos correr más. Solo pensaba en huir. Alejándose lo más rápido de esa alberca en donde una vez papi no la soltó.

12

En noviembre, mami encontró trabajo en una tienda de discos del centro y volvía a casa cuando ya estaba oscuro. El camino frente a la casa de mi abuela era de tierra y tenía tantos baches y piedras que los taxis y los camiones no querían cruzarlo. Mami tenía que caminar en la oscuridad desde la carretera hasta la casa, porque no había postes de luz.

Una noche, mi abuela mandó a Carlos para que fuera a esperar a mami y la acompañara a casa. Mi tío Crece era quien la esperaba, pero esa noche todavía no había vuelto. Mago y yo nos sentamos en la cama de la abuelita Chinta y prendimos la radio para escuchar el programa de cuentos y fábulas. Mami llegó sola.

—¿Dónde está Carlos? —le preguntamos. Betty corrió para que ella la cargara.

—No sé. No me estaba esperando —nos dijo.

Me fijé por la puerta. Lo único que vi fueron las vías del tren. Escuché el ruido del agua en el canal y el silbido del tren que se iba. El viento hacía crujir las ramas de los árboles, las luciérnagas se prendían y apagaban entre los arbustos. Me daban ganas de correr tras ellas para atraparlas con mis manos y meterlas en la casa de la abuelita Chinta, donde podrían brillar como si fueran estrellas.

—Vamos a buscarlo —dijo Mago.

Fuimos al canal y buscamos en la oscuridad, pero no había nadie en el puente. Esperamos, temblando bajo la brisa fría de la noche, rezando un padre nuestro en voz baja para salvarnos de La Llorona, esa mujer que pena por el canal y se roba a los niños.

—¿Y si La Llorona se lo llevó? —le pregunté a Mago, con los ojos al borde de las lágrimas de solo pensar que mi hermano se había ahogado y nunca lo volveríamos a ver.

Pero luego lo vimos que cruzaba el puente.

—¿Dónde estabas? —le preguntó Mago.

Pasó junto a nosotras, con la cabeza gacha.

—En ningún lado.

—¿Cómo que en ningún lado? Nos tenías preocupadas.

Carlos siguió caminando y nos apuramos para alcanzarlo.

—Déjenme en paz —nos dijo. Entró a la casa y no respondió cuando mami le preguntó dónde se había ido. Tampoco quiso cenar. Se acostó en su catre y no nos habló por el resto de la noche.

—¿Qué le pasa? —me preguntó Mago a la mañana siguiente. Carlos seguía sin decirnos nada.

—No lo sé —le dije. Tomé un vaso de agua fría y regresé a la calle para seguir saltando la cuerda con mis amigas.

Me encantaba la calle de mi abuelita. Al atardecer, los rayos del sol le daban a la tierra un color de arcilla horneada. Las mujeres se sentaban en la entrada de sus casas en sillas de mimbre, tejiendo o leyendo revistas, mientras escuchaban boleros en la radio. Los hombres regresaban del trabajo, solos o en grupo. Unos venían de los maizales, sudorosos y sucios, con sus machetes en su funda de cuero. Mi tío Crece venía de la estación de tren, donde se la pasaba todo el día cargando bolsas de cemento, y parecía un fantasma porque tenía polvo de cemento por todas partes.

Como la abuela Evila nunca nos dejaba salir, solo jugábamos entre nosotros. Pero aquí con nuestra abuelita Chinta, todos los niños de la colonia salíamos a jugar. Las vías del tren nos daban horas de alegría. Hacíamos concursos para ver quién podía saltar más durmientes o quién se podía balancear sobre las vías por más tiempo. Algunas veces poníamos pedazos de metal en los rieles y cuando el tren pasaba sobre ellos corríamos a ver cómo habían quedado.

Mientras yo saltaba la cuerda con mis amigas, Mago estaba metida en la casa y se sentía muy mal. Aunque Betty me había reemplazado como la nena de la familia, Mago no dejó de tratarme como su nena y casi no quería cuidar a Betty. A veces no le quedaba de otra, porque cuando la abuelita Chinta se iba de compras, Mago se quedaba a cuidarnos, en especial a Betty.

Esa noche, cuando mami llegó a casa, Mago le entregó a Betty.

—Es tu hermana —le dijo mami.

—Pero no mi hija —le respondió Mago.

Mami sacudió su cabeza y, con Betty en un brazo, la ayudó a preparar la comida a la abuelita Chinta.

—¿Frijoles refritos y un trozo de queso es lo único que vamos a comer esta noche? —preguntó mami.

—Hay gente que no tiene nada para comer, Juana. Demos gracias por esto —dijo la abuelita Chinta, mientras nos servía frijoles.

—No puedo creer que su padre no mandó dinero para sus hijos —nos dijo mami—. Seguro que se lo ha de estar gastando con esa mujer.

—Juana, de alguna manera vamos a salir adelante —le dijo la abuelita Chinta—. Estás aquí con tus hijos y creo que eso es muy bueno para ellos.

—Tienes razón, amá, muy pronto van a mejorar las cosas.

Me levanté y me acerqué a mami. Quería abrazarla. Quería decirle que prefería comer frijoles por el resto de mi vida si ella iba a estar conmigo. Pero la manera en que me miró me dio miedo. Era como si me odiara.

—Te pareces a tu padre —me dijo.

Yo miré hacia donde estaba El Hombre Detrás del Vidrio, y por primera vez no me alegré de parecerme a él. No quería que mami me viera de esa manera, con una mirada llena de dolor, coraje y odio. Quise agarrar a El Hombre Detrás del Vidrio y aventarlo a las vías del tren, para que se rompiera en mil pedazos. Así, mami ya no nos miraría como si fuéramos la misma persona.

La abuelita Chinta dejó el plato de frijoles sobre la mesa y me acarició el cabello.

—¿Por qué no van a comprar unos refrescos, niños? Cuando regresen, ya los frijoles no estarán tan calientes.

Agarramos el dinero y nos fuimos

—Dime, ¿qué te pasa? —le preguntó Mago a Carlos.

—Te vas a enojar si te lo digo.

—Dílo —le pidió Mago.

—Mami tiene novio.

—¿Qué? —le dijimos Mago y yo al mismo tiempo.

—Yo la vi, la vi con un hombre.

Nos contó que anoche llegaron y se fueron muchos camiones, pero mami no llegaba. Como le dio miedo estar solo en la oscuridad, y que alguien lo golpeara o lo matara, se trepó en un árbol al lado del molino. Un rato después, se detuvo un taxi y de él bajaron mami y un hombre. Cuando el taxi se fue, ese hombre la abrazó y le dio un beso en la boca.

—Se estaban besando y yo no hallaba qué hacer —dijo Carlos—. No quería que mami se enojara conmigo. Cuando dejaron de besarse el hombre tomó un taxi y se fue. Mami se fue caminando a la casa. Yo quería ir con ella, pero me quedé en el árbol para que no supiera que la había visto.

—Pero ¿qué pasa con papi? —le pregunté.

—Papi ya no la quiere —dijo Mago.

—¿Y por qué ya no la quiere? —pregunté yo.

—Porque él quiere a esa otra mujer —dijo Carlos.

Caminamos en silencio hasta la casa; las palabras nos pesaban.

Durante la cena a Mago le costó aguantar las ganas de gritar que sabíamos el secreto de mami. Estaba enojada y resoplaba cada vez que mami le decía algo.

—¿A ti qué te pasa? —le preguntó mami, y Mago ya no pudo más.

—¿Quién era ese hombre?

—¿Qué hombre?

—Ese hombre que besaste cuando venías a casa.

Como mami cargaba a Betty no vi su cara. El cabello de la niña la escondía de nuestras miradas acusadoras.

—Bueno, como ya lo saben déjenme decirles —terminó por decirnos—. Se llama Francisco. Es vendedor de seguros, aunque más bien lo que le gusta es ser luchador. Los fines de semana se dedica a la lucha libre y es muy bueno.

—¿Y eso a quién le importa? ¿Qué es él para ti? —le preguntó Mago.

—No me hables así, Mago —le dijo mami, mirándola por encima de la cabeza de Betty—. Pero, bueno, también quiero que sepan que me voy a ir con él.

—¿Qué dices? —gritamos todos al mismo tiempo. Betty comenzó a quejarse al escuchar nuestras voces enojadas.

—¿Qué estás diciendo, Juana? —le preguntó la abuelita Chinta.

—Francisco consiguió un contrato para pelear en Acapulco y me pidió que lo acompañara. Ya acepté.

—¡Pero no te puedes ir! —gritó Mago, y se paró tan rápido que la silla se cayó—. ¡No te puedes ir!

—No me iré por mucho tiempo —dijo mami—. Ahora siéntate y deja de gritarme.

—Lo mismo nos dijiste la última vez —le reprochó Carlos—. Y nos dejaste dos años y medio.

—Mami, no nos dejes otra vez —le dije yo, corriendo a su lado.

—¿Y nosotros? ¿Qué va a pasar con nosotros? —dijo Mago.

—Ustedes se van a quedar aquí. Su abuela los va a cuidar.

—Juana, no puedes irte así —le dijo la abuelita Chinta—. No está bien.

—Cuando papi se entere de esto, que otra vez nos abandonaste . . .

—¡Ni me menciones a tu padre, Mago! —le respondió mami—. Él me dejó y a ustedes también.

—Juana, piensa bien las cosas —le dijo la abuelita Chinta, entre el llanto de Betty.

Mami se levantó y suspiró.

—Ya lo hice, amá, y ya tomé mi decisión.

* * *

Cuando mami se fue, no tuvo el valor de avisarnos. Al día siguiente, cuando Mago, Carlos y yo regresamos de la escuela, encontramos a Betty llore y llore. La abuelita Chinta nos dijo que nuestra madre se acababa de ir con el luchador.

—Se fueron a tomar un taxi —nos dijo.

El llanto de Betty no paraba. Mago la cargó para abrazarla. Carlos y yo salimos corriendo de casa, con la esperanza de que mami y el luchador todavía estuvieran en la carretera. Carlos corría más rápido que yo y cuando lo alcancé estaba de rodillas llorando. A mami no se la veía por ningún lado.

13

Luego de que mami se fuera, Mago volvió a ser nuestra mamacita y se hizo cargo de nosotros. Betty extrañaba mucho a mami. Lloraba y lloraba por ella, hasta que un día por fin se calmó. Se abrazaba a Mago, colgándose de ella con sus manos gorditas. Yo quería mucho a mi hermanita y no sentía celos de que Mago le hiciera más caso que a mí. Antes, yo pensaba que como Betty había nacido en Estados Unidos era más especial para mami, pero ahora me había dado cuenta de que para ella todos éramos iguales. Todos éramos fáciles de abandonar.

Mago no quería hablar sobre mami, solo de papi. Ahora más que nunca, se aferró a sus recuerdos de él y nos dijo que muy pronto vendría por nosotros.

—Papi nos va a rescatar —dijo—. Será nuestro héroe.

Los meses pasaron y mami no regresó. La abuelita Chinta hacía lo mejor para cuidarnos, pero no ganaba mucho como curandera. Le costaba darnos de comer. Era una curandera muy querida en la colonia, así que la gente le llevaba fruta de sus árboles, como guayabas, naranjas y ciruelas, y ella las compartía con nosotros. Si alguien le regalaba un mantel, ella lo usaba para hacernos vestidos, porque decía que su mesa no lo necesitaba.

—Ya está muy viejita para esto —dijo Mago un día. De repente, cerró su libro de texto y agregó—: ¿De qué sirve tanto estudio, si ya sabemos que no voy a terminar la escuela? Mejor me consigo un trabajo para traer comida a la casa.

—No digas eso —le respondí—. Tienes que terminar la escuela. Algún día vas a ser una secretaria, con un buen trabajo y vamos a estar muy orgullosos de ti.

A Mago le gustaba mucho la escuela, más que a nadie. Más que a mí. A veces, en la noche, cuando todos ya dormían, me hablaba de su sueño de ir a una escuela técnica para convertirse en secretaria. Ser secretaria también fue un sueño de mami. Mago movía los dedos en el aire, como si escribiera en una máquina invisible. Yo cerraba los ojos y me la imaginaba vestida con una hermosa blusa de seda y una falda negra con un cierre atrás, como la típica secretaria en una telenovela. Me imaginaba a su jefe, un guapo abogado, diciéndole que era la mejor secretaria que jamás había tenido. Luego se enamoraban y se casaban.

Mago pronto sería una mujercita. Tenía doce años y los chicos ya comenzaban a fijarse en ella, pero se avergonzaba de sus cicatrices.

—Soy fea —decía, mirándose al espejo.

Para mí era la niña más hermosa del pueblo.

Al otro día Mago se fue temprano, sin decir a dónde iba. Cuando regresó por la tarde estaba contenta.

—Conseguí trabajo en la estación de trenes vendiendo quesadillas. Comienzo mañana.

—¿Cómo? ¿Y la escuela? —le preguntó la abuelita Chinta.

—Voy a seguir yendo. Trabajaré después de la escuela.

La abuelita Chinta miró al suelo con mucha tristeza.

—Discúlpame, mi nietecita.

—No se sienta mal por mí, abuelita —le dijo Mago—. La quiero ayudar. Ah, por cierto, mi patrona me dijo que si nos quedan quesadillas me las puedo traer a casa para ustedes.

Al otro día, luego de comer nuestros frijoles y tortillas, la abuelita Chinta nos mandó por Mago a la estación de trenes.

—Está muy oscuro para que su hermana se venga caminando sola —nos dijo.

Carlos y yo nos pusimos nuestras sandalias y nos fuimos por ella. ¿Le habrán quedado quesadillas para nosotros? Se me hacía agua la boca de solo pensar que les daba una mordida. Carlos y yo competimos para ver quién aguantaba más tiempo sobre las vías. De pronto, escuchamos el ruido del tren que se abría paso entre las colinas, haciendo temblar las hojas de los árboles que estaban junto a los durmientes. El maquinista pitó con su silbato y nosotros nos hicimos a un lado, corriendo a toda prisa para llegar primero a la estación, pero el tren nos ganó.

Al llegar, la mayoría de los pasajeros ya se habían bajado y los que iban hacia Cuernavaca o la Ciudad de México se estaban subiendo. Nos sentamos en una banca y vimos cómo Mago iba de un vagón a otro llevando una charola con quesadillas de pollo. Se las ofrecía a los pasajeros que esperaban la salida del tren. El silbato sonó y el maquinista gritó: «¡Váaaaamonos!», pero Mago todavía no se bajaba. Los últimos pasajeros en llegar corrían para subirse.

—¡Bájate, bájate! —le pedía, mientras el tren comenzaba a moverse y de Mago ni sus luces.

Me levanté y corrí hacia el tren.

—¿Qué haces? —me preguntó Carlos al seguirme. El tren se alejaba de la estación, sus ruedas girando con fuerza.

¡Qué fácil sería para Mago quedarse en el tren! Podría irse de este lugar para no volver, y decir que ya bastaba porque estaba cansada de ser nuestra mamacita. Con el aliento atrapado en mi garganta, me vi corriendo junto al tren que se alejaba, buscándola con desesperación.

—¡Mago, Mago! —grité, con el rostro lleno de lágrimas, hasta que por fin apareció por la puerta del último vagón, con su charola vacía. Saltó justo antes de que el tren acelerara.

—Creí que me dejabas —le reproché. Ella se rio, acariciándome la cabeza.

—Jamás —me dijo, y miramos al tren desaparecer a lo lejos.

14

Pronto el año escolar llegó a su fin y comenzó la temporada de lluvias. Me encantaban los veranos. Me gustaban las lluviecitas y el olor a tierra mojada. Todo era verde a mi alrededor, lleno de flores silvestres que crecían a los lados de las vías del tren y las nubes se amontonaban en lo alto de las montañas, esponjadas como almohadas finas. Pero a mediados del verano comenzaron los aguaceros.

Llovió y llovió día tras día, sin parar. Los truenos hacían temblar el techo de lamina. Nos faltaban ollas y cubetas para juntar el agua que goteaba del techo, pero un día ya no nos importó.

Nos despertamos a media noche con la sorpresa de que toda la chocita se había inundado. Nuestra cama estaba bajo el agua. El único que no se mojó fue el tío Crece, que dormía en la hamaca que colgaba de las vigas del techo. Él sí durmió toda la noche, pero Carlos, Mago, Betty, la abuelita Chinta y yo nos trepamos en la mesa, esperando a que amaneciera. Betty se mantuvo calientita en los brazos de Mago, pero nosotros temblábamos de frío y nos acurrucamos entre nosotros mientras cabeceábamos.

Por la mañana, por fin dejó de llover y nos pasamos el día sacando el agua de la casa con cubetas. Nuestras sandalias se atoraban en el suelo lodoso y a veces nos caíamos en el agua. Colgamos nuestra ropa encima de los arbustos y en las piedras para que se secaran. Los colchones echaban vapor bajo el calorón del verano. Fuimos con las cubetas hasta las vías del tren y las llenamos de grava. Fuimos y venímos muchas veces hasta cubrir el piso lodoso, como si estuviéramos plantando maíz para la cosecha del próximo año. El piso de tierra quedó durito y seco.

En la semana nos fuimos dando cuenta de lo fea que fue la inundación. El río que corría al lado de las vías del tren se desbordó y el agua hundió el puente. La gente no podía pasar para ir al mercado, la estación de camiones o el centro. La colonia vecina estaba bajo agua y la gente tuvo que subir a los techos de sus casas. Las calles parecían ríos. La gente se subía a cualquier cosa que flotara para poder andar. En el agua flotaban pollos, cerdos, perros y gatos muertos.

Esa misma semana, alguien tocó a nuestra puerta para darnos más noticias malas. Cuando abrimos, vimos a un muchacho tan cansado que apenas podía respirar. Estaba descalzo y sus piernas, brazos y manos parecían cubiertas de chocolate. ¿Cuántas veces se había resbalado en el camino hasta llegar con nosotros?

—¿Qué pasa? —preguntó la abuelita Chinta.

—Catalina —contestó el muchacho—. El río.

El tío Gary, mi otro tío, vivía enfrente de la estación de trenes en una casita parecida a la nuestra, cerca del río. Catalina era su hija de cinco años.

—Ave María Purísima —dijo la abuelita, mientras se persignaba.

Cuando llegamos a la casa del tío Gary todos sus vecinos estaban allí. Hablaban entre ellos, mientras hacían la señal de la cruz una y otra vez. La abuelita Chinta no entró a la casa, sino que se fue corriendo hacia el río. Las aguas habían bajado, pero la corriente seguía muy fuerte y rápida. Arrastraba ramas, sillas rotas, ropa, pedazos de madera. Río abajo, varios hombres buscaban a mi prima, amarrados con una cuerda atada a un árbol para que la corriente no se los llevara.

—El río todavía está muy bravo —dijo la abuelita Chinta.

Regresamos a la casa del tío Gary y esperamos con el resto de los vecinos. La tía Lupe, madre de Catalina, temblaba de dolor. Las lágrimas caían por sus mejillas sin parar, como si el río estuviera dentro de ella y se desbordara.

—Catalina sigue viva. De seguro que se agarró de algo para mantenerse a flote, o tal vez alguien la rescató río abajo —dijo la tía Lupe, sin que nadie la contradijera.

En voz baja, los vecinos les contaban los detalles a

los que llegaban. Por la mañana mi prima Catalina fue a jugar a la orilla del río. Las piernas se le llenaron de lodo y se las quiso lavar. Como estaba muy resbaloso, se cayó y el agua se la llevó. Los niños de la colonia fueron a buscar ayuda, pero cuando regresaron, Catalina ya no estaba. Tío Gary se salió de su trabajo en la estación de trenes, donde descargaba mercancía de los vagones, y regresó a casa en cuanto supo lo que pasó.

—Han estado buscando todo el día, y nada —dijeron los vecinos.

Por la tarde regresamos a casa. Solo nosotros cuatro nos fuimos. La abuelita Chinta se quedó para guiar las oraciones toda la noche.

Ni Mago ni yo nos podíamos dormir.

—Cuéntame un cuento —le pedí a Mago.

—¿Cuál? —me preguntó.

—El que tú quieras —le dije. Ya no quería pensar en Catalina ni en el río. No quería recordar el llanto de su madre.

—Había una vez tres cerditos . . .

Mientras escuchaba el cuento, pensé en la casa soñada de papi. Tal vez no era tan tonto querer vivir en una casa como esa. Pensé en los cerditos. Los dos que se comió el lobo vivían en casas hechas de palos y barro. Pero el cerdito que el malvado lobo no se pudo comer fue el que vivía en una casa de ladrillos y concreto, como la que papi nos quería construir. De seguro por eso él quería una casa así, para protegernos y cuidarnos de las cosas malas que ocurren afuera. Me quedé dormida, rezando: *Por favor, Diosito, ya cúmplale a papi su sueño de la casa, para que regrese y nos proteja allí.*

Al otro día, el tío Gary y sus amigos regresaron al río por tercera vez. Parados en la orilla, vimos cómo se alejaban y batallaban con la corriente. En la casa, todas las mujeres seguían rezando. Los niños nos quedamos afuera buscando cómo entretenernos. Hicimos tortillas de lodo y con un palo escribimos nuestros nombres en el barro. Pero a cada rato volteábamos a ver el río.

Cuando por fin regresaron, los hombres venían con sus cabezas gachas mirando el suelo. Arrastraban los pies en el camino lodoso y el tío Gary cargaba a Catalina. Sus brazos estaban caídos y no se movían. Todo se volvió borroso. Me sequé los ojos pero salieron más lágrimas. Nadie la tocó, solo su mamá y la abuelita Chinta. Le quitaron hojas secas y ramitas de su cabello. El tío Gary dijo que Catalina había quedado atrapada entre las ramas de un árbol caído.

Nos arrodillamos para rezar, y no podía dejar de mirar el cuerpo hinchado de mi prima. Temblé al verla así, fría y sin vida. Me dio tanto miedo, no podía respirar.

¿Y si algo así me pasara a mí, o a Mago, Carlos o Betty? ¿Qué tal si para cuando papi termine la casa de sus sueños ya no queda nadie a quien salvar? ¿O qué tal si nunca regresa y nos deja aquí para enfrentar al lobo solitos?

15

Seis meses después de que mami se fuera con el luchador, chocaron en el carro. El señor se murió. Mami tuvo suerte. Ella se pegó la cabeza contra el vidrio y solo tenía algunas heridas.

Una vez más volvió con el corazón roto.

Durante esas primeras semanas, se la pasaba llorando, y me despertaba. Con la lucecita de la luna que se metía entre los carrizos de la casita, la veía sentada en su cama. Temblaba y lloraba. No hallábamos cómo consolarla y mejor nos alejamos. Ella también. Una vez quiso levantar a Betty, pero mi hermanita lloró y estiró sus manos hacia Mago.

—¿Por qué lloras, si yo soy tu madre? —le dijo mami, pero Betty lloró más fuerte y a mami no le quedó otra que dársela a Mago. Desde entonces ya no insistió.

—Tienes que darle tiempo —le dijo la abuelita Chinta—. Te fuiste muchos meses, Juana.

—Pero ya regresé, ¿o no? —respondió mami. Era cierto que había regresado, pero que tal si el luchador no hubiera muerto? ¿Qué habría pasado si mi padre no la hubiera dejado por otra mujer? No sabíamos las respuestas a esas preguntas y nos daba miedo preguntar.

Un día mami mandó a Carlos a la casa de los vecinos para pedirles agua. Luego de bañarse por primera vez desde que regresó, se paró frente al espejo para pintarse. Apretó los labios como si estuviera besando a papi a través del espejo. Con sus labios rojos, sus mejillas rosadas y lo azul oscuro en sus ojos, mami se veía muy diferente. Por un ratito casi pude ver a la mamá que era antes de que se fuera.

Se peinó el cabello y se puso una pañoleta en su cabeza, para esconder sus heridas. Abrió el ropero y sacó uno de sus vestidos más bonitos. Luego se puso un perfume que olía a jazmín.

—Bueno, deséenme suerte —nos dijo y se fue.

Los cuatro nos arrodillamos ante el altar de mi abuelita y rezamos por ella para que encontrara trabajo.

Regresó con una sonrisa. Don Óscar, su antiguo patrón, le regresó su trabajo en la tienda de discos, aunque en el turno de la tarde.

—Un trabajo es un trabajo —dijo mami, sonriendo, y hasta Betty, con sus tres añitos, se dio cuenta de que era momento para celebrar. Cuando mami se acercó para levantarla ella saltó a sus brazos muy contenta.

—Vámonos al zócalo —nos dijo mami.

Lo más rápido que pudimos nos lavamos los pies y la cara. Tomamos un taxi y mami le pidió al taxista que nos dejara frente a la casa de su hermana, mi tía Güera. Vivía en el centro, muy cerca de todo. Nos acompañó a la plaza, y mientras ella y mami se sentaban a platicar en una banca, nosotros jugábamos a las escondidas con los niños que andaban por ahí. Me acordé de que otras veces, cuando estábamos allí con la abuelita Chinta, me ponía triste ver a todos los papás y mamás que cuidaban a sus hijos.

¡Qué diferente era ahora! Mientras corría y me reía, tratando de atrapar a los otros niños, volteaba a ver a la banca donde estaban mami y mi tía, y la saludaba con la mano para asegurarme de que todo era real. Su saludo me hacía sentir en las nubes . . . era tan lindo saber que no era un sueño.

Pocas semanas después mami regresó a casa bien emocionada.

—El Gobierno está repartiendo tierras —nos dijo, y a toda prisa empezó a juntar lo necesario para irnos de paracaidistas.

Mago se encargó de Betty. Carlos consiguió una cuerda, y yo una sábana. Mami iba delante de nosotros con una pala y una linterna en sus manos. Nos apuramos para ir a su lado camino al río, hasta que llegamos a una pradera grande.

En la otra orilla del río había una huerta de mangos

y tamarindos. Al llegar, vimos que ya otra gente se nos había adelantado, y estaban escogiendo su pedazo de la tierra que, se decía, pronto repartiría el Gobierno. Mami eligió uno de los pocos sitios que quedaban. Carlos consiguió unas ramas para usarlas como postes. Las enterramos y con la cuerda las atamos para hacer un cuadrado. Mami se metió corriendo hasta el centro y tendió una manta para sentarse.

—Aquí es donde vamos a vivir —nos dijo—. Le voy a demostrar a su padre que yo también puedo construir la casa de mis sueños.

Los cuatro nos sentamos cerca de ella. Alrededor de nosotros había otras familias que, como mami, estaban allí porque también querían cumplir su sueño. Habían levantado tiendas con sábanas rotas, cartón, ramas y láminas de metal. Algunos hasta prendieron una fogata para hacer comida. Me llegó el olor a frijoles y mi estómago gruñó. Nosotros no habíamos traído nada de comer.

—¿Y ahora qué sigue? —preguntó Mago.

—Hay que esperar —respondió mami—. No dijeron cuándo viene la gente del Gobierno a darnos los papeles, pero no creo que tarden. Por ahora nos quedamos aquí, para que no nos quiten el lugar.

A mi lo que me daba miedo era que el río estaba muy cerquita. Me acordé de mi prima Catalina, que se ahogó en el río. Y también me acordé de La Llorona, que siempre anda buscando a sus hijos cerca del agua. Yo no quería vivir ahí. No quería estar cerca del agua.

—Tengo hambre —dijo Betty.

—Yo también —la secundó Carlos.

—Yo igual —dijimos Mago y yo al mismo tiempo.

—Piensen que esto es una aventura —nos dijo mami. Agarró una vara y se levantó.

—Aquí estará mi cuarto, ¿y el de ustedes?

Mago corrió hacia un punto y dijo:

—Por aquí, para tener una bonita vista del río.

Carlos dijo:

—Yo quiero ver las montañas.

Yo elegí un lugar al lado de Carlos porque no quería tener vista al río. Además, las montañas me gustaban mucho.

—Por aquí es donde estarán la cocina y la sala —dijo mami, trazando unas líneas sobre la tierra con su vara.

Pero ahí estábamos, sentados en la tierra, con el sol que quemaba, la panza vacía y sin nada para comer ni beber. Mami se cansó de tanta queja y se levantó.

—Vámonos a casa para que coman, pero solo ustedes, niñas. Tú quédate cuidando nuestro terreno, Carlos.

—Pero si yo también tengo hambre —se quejó.

—Ni se te ocurra irte. Voy a traerte comida y agua —le dijo mami.

Cuando íbamos hacia las vías del tren, me di la vuelta para decirle adiós a Carlos, pero él no me vio. Estaba sentado en el piso, rascando la tierra con una ramita. ¿Estaría dibujando los muebles de su cuarto?

* * *

Mami nombró a Carlos como líder, y eso quería decir que tenía que cuidar nuestro terreno. Los días siguientes, Mago y yo fuimos a la escuela mientras Carlos se quedaba a vigilar. Él mismo se construyó una tienda con ramas, una manta vieja y pedazos de cartón. Al salir de la escuela, corríamos a verlo para llevarle sopa de letras o frijoles y tortillas. A veces, cuando llegábamos, él ya estaba a punto de orinarse y corría hacia los arbustos más cercanos, mientras nosotras nos reíamos.

—¿Por qué no se apuran y ya nos entregan el terreno? —se preguntaba Carlos—. Yo ya no quiero estar aquí.

Mami lo visitaba cada vez que podía. Le llevaba dulces y paletas, historietas y una bolsa con soldaditos verdes para que se entretuviera.

—Ya mero vienen, hijo. Ten paciencia —le dijo mami.

—Sí, mami —le respondió.

Todos los días, Mago le traía a Carlos la tarea que el maestro le mandaba para que no se atrasara. Nosotras lo acompánabamos todo lo que podíamos. Pero cuando se hacía tarde, Mago, Betty y yo nos íbamos a casa. Él se quedaba allí, cuidando el terreno donde mami esperaba construir la casa de sus sueños.

—Esto es ridículo, Juana. Ya pasaron dos semanas. ¿Hasta cuándo vas a tener a ese niño allí, en el medio de la nada? —le dijo mi abuelita Chinta.

—El tiempo que sea necesario —le respondió mami—.

Una cosa como esta requiere sacrificio.

Pero muy pronto, a Carlos le dio tos. La abuelita Chinta dijo que era porque el frío de la noche y el rocío de la mañana le hacían daño a sus pulmones.

—¿Qué vas a hacer si le da una pulmonía? —le preguntó la abuelita Chinta.

—Eso no va a pasar. Ya mero nos dan el título de propiedad y el terreno será nuestro —le respondió mami.

Pero al día siguiente Carlos se puso peor. Tosía tanto que hasta los demás paracaidistas a su alrededor se quejaron porque no los dejaba dormir.

—Llévese a su hijo a casa —le decían a mami. Ella le trajo un jarabe para la tos y una latita de VapoRub. Todas las mañanas, antes de irse a trabajar, pasaba a verlo.

La abuelita Chinta observaba todo con preocupación, hasta que por fin dijo:

—Esto se termina de una vez por todas.

Fuimos con nuestra abuela al río y ya para entonces Carlos ardía de fiebre. Dormía en el piso, encima de su manta, abrazado a sus piernas. Se había orinado y estaba mojado. Las moscas volaban a su alrededor.

—Vente, mijito, vámonos a casa —le dijo la abuelita Chinta y lo levantó. Con todo y fiebre Carlos se negó.

—No, no, no. ¡Debo ayudar a mami para que tenga la casa de sus sueños!

Nos costó mucho trabajo levantarlo. Estaba muy débil. Lo llevamos rápido a casa y la abuela comenzó a curarlo.

Cuando mami llegó y se enteró, salió corriendo rumbo al río para salvar su terreno, pero ya otros paracaidistas se lo habían apropiado. Regresó llorando.

—Perdóname, mami —le dijo Carlos, mientras ahogaba su tos en la almohada.

16

Poco después, mami nos anunció que se iría a vivir con la tía Güera. Como salía muy tarde de trabajar, ya no había camiones y a mami no le quedaba más que irse en taxi a casa de la abuelita Chinta. Pero el apartamento de mi tía estaba a pocas cuadras del trabajo de mami. Ya se había quedado con ella uno o dos días a la semana, luego tres y luego cuatro, hasta que decidió empacar sus cosas para ya mudarse.

—El precio de un taxi es siete veces más caro que el del camión —nos dijo—. Mejor me gasto ese dinero en comprar comida. Si me quedo en la casa de mi hermana, desde ahí puedo caminar al trabajo.

Le rogamos que no se fuera. Le prometimos que nos portaríamos bien. Pero ella sacudió la cabeza y dijo que era un sacrificio que hacía por nosotros.

Ahora nos visitaba todos los domingos y cada vez que se despedía, Carlos, Mago y yo nos aguantabámos las ganas de correr detrás de ella. Pero Betty la seguía como un patito. Nosotros teníamos que consolarla, abrazarla mientras lloraba, hacerle caras chistosas y sacarle la lengua, dar maromas, pararnos de manos, meternos en el terreno de los vecinos para robar mangos y guayabas bien jugosas, y así endulzarnos la vida.

Por fin llegó la Navidad. Me gustaba mucho esa época del año. Era el único momento en que nuestras barrigas se llenaban de cacahuates, fruta y dulces, gracias a los aguinaldos que daban en las posadas. Estas fiestas tradicionales duran nueve noches y se realizan en la iglesia de la colonia. A todos los niños les daban sus aguinaldos y quebrábamos piñatas. A veces, si teníamos suerte, hasta nos regalaban un juguete en la última posada. Pero lo que más esperaba esa Navidad era que mami la pasara con nosotros.

El tío Crece encontró una rama seca de un árbol y la lijó hasta dejarla bien lisita. La pintó de blanco, llenó de cemento una lata de café y la enterró allí. Cuando el cemento se secó y la rama quedó firme, la metió a la casa y nos dijo:

—¡Aquí está nuestro árbol de Navidad!

Como no teníamos esferas ni otros adornos, usamos cascarones de huevo que pintamos con diferentes colores y los colgamos de nuestro árbol. Ya no era una rama, ¡sino una obra de arte!

Mago y yo limpiamos la casa toda la mañana. Yo rocié agua en el piso de tierra y lo barrí hasta dejarlo liso como la arcilla. Mago quitó las telarañas del techo con una escoba. Luego sacudimos los muebles, limpiamos las sillas y la mesa, y hasta salimos a la calle para barrer la entrada de la casa. Queríamos que esta Navidad fuera super especial.

Mami y tía Güera llegarían por la tarde y esperábamos que, si la casa se veía bonita, mami cambiara de idea y quisiera volver a vivir con nosotros. Ese era mi único deseo esa Navidad: que mami regresara conmigo.

Cuando las vimos cruzar el puente, corrimos a encontrarlas. Un hombre venía con ellas y yo pensé que era el esposo de mi tía. Lo había visto solo un par de veces, pero cuando se acercaron a la casa me di cuenta de que no era él.

—Les presento a Rey —nos dijo mami

Miré a Mago y su sonrisa de todo el día se borró. Traté de tomarle la mano, pero me la rechazó.

Entraron a la casa. El olor del delicioso pollo rostizado que mami había traído no me quitó la tristeza. Miré a Rey. Parecía demasiado joven para mami. Ella nos contó que se habían conocido en el trabajo. Yo deseaba que su nombre no tuviera nada que ver con el mío. No quería nada con él y, sobre todo, ¡no quería compartir a mi madre con él!

—Los niños tienen hambre —dijo la abuelita Chinta—. Se pasaron todo el día limpiando la casa. Por favor, vamos a sentarnos a la mesa.

Cuando le di una mordida a mi pollo no me supo a nada. Mami tenía un nuevo hombre en su vida. De seguro no iba a querer regresar a vivir con nosotros. Me tragué el pollo porque no quería arruinar la cena de Navidad.

A Mago no le importó nada de eso. Ni bien comenzamos a cenar se puso a llorar.

—¿Qué te pasa? —le preguntó mami

—¿Qué me pasa? ¿Qué es lo que crees que me pasa? —le gritó Mago—. ¿Por qué tenías que traerlo? Esta era nuestra noche contigo. Es Navidad y no tenías por qué traer a tu novio a casa.

—Yo puedo traer a quien quiera —le respondió mami.

Mago corrió hacia ella, y creí que le iba a pegar a nuestra madre. Pero no. Comenzó a patear las sillas, jalarse los cabellos y gritar como loca. Un escalofrío recorrió mi espalda. Mi hermana se había convertido en un monstruo.

La tía Güera y mami trataron de calmarla, pero Mago seguía gritando.

—¡Me quiero morir, me quiero morir!

La empujaron hacia la cama de la abuelita Chinta. Mami y la tía Güera la agarraron mientras el tío Crece buscaba una cuerda. Rey estaba parado en la entrada, sin decir o hacer nada.

—¡Me quiero morir, me quiero morir! —seguía gritando Mago.

—¿Qué hacen? —preguntó la abuelita Chinta.

Nadie le hizo caso. Yo abracé a Betty porque se espantó con los gritos de Mago.

Mami, mi tía y mi tío ataron los tobillos y las muñecas

de Mago, pero ella empezó a patear y golpeó a mami en su cara antes de que el tío Crece pudiera amarrarla.

No me di cuenta cuando Rey se fue. De repente ya no hubo gritos y Mago tenía los ojos en blanco y la cabeza caída de lado.

—¡Se desmayó! —gritó mi abuelita, haciendo la señal de la cruz.

Corrió por una botella de alcohol.

—Ve nada más lo que has hecho, Juana. ¿No te da vergüenza? —Mi abuelita lloraba sin dejar de atender a mi hermana.

El cabello de mami era un desastre. Tenía manchas de rimel en los cachetes y lápiz labial embarrado en su barbilla. Se sobaba la cara, que se le estaba hinchando en donde Mago la pateó.

—Me voy —dijo mami—. Si ella no va a aceptar a Rey en esta casa, entonces no tengo nada que hacer aquí.

—Juana, razona —dijo la abuelita Chinta, secándose las lágrimas—. No debiste traer a este hombre. No hoy. Los niños solo querían estar contigo. Yo sé que su padre te rompió el corazón, y ahora buscas a alguien que te lo reparé, pero eso no quiere decir que ellos ya no son tus hijos.

—Perdóname, amá —dijo ella, sin voltear a vernos. Caminó hacia la puerta y se fue. Nos sentamos en la cama y vimos cómo, al fin, Mago abría sus ojos. Miró alrededor y se dio cuenta de que mami se había ido.

—Vénganse para acá, niños, porque el pollo se va a enfriar —nos dijo la abuelita Chinta.

Carlos y yo desatamos los tobillos y las muñecas de Mago, pero no nos movimos de la cama. Mago se levantó y caminó hacia la puerta. Pensé que iba a salir para correr en busca de mami y pedirle que por favor regresara. Pero en lugar de eso agarró la puerta y la azotó.

17

Un día soleado de mayo, mi primo Félix llegó a la casa de la abuelita Chinta. Él era sobrino de papi.

—Su papá los va a llamar por teléfono dentro de una hora, quiere decirles algo —nos dijo.

Se dio la vuelta y se fue. Como nos tomó por sorpresa, no supimos qué hacer. Cuando tratamos de decirle algo, ya Félix corría por el puente. Dio la vuelta en la esquina y ya no lo vimos más.

—¿Papi nos va a llamar? —preguntó Carlos, y esa pregunta se volvió algo más cuando la gritó con todas sus fuerzas—: ¡Papi nos va a llamar!

Nos reímos y comenzamos a bailar en un círculo.

—¡Papi nos va a llamar! ¡Papi nos va a llamar!

Como la abuelita Chinta no estaba en casa para darnos dinero para el camión, tuvimos que irnos caminando hasta la casa de la abuela Evila. Estaba a cuarenta y cinco minutos, cruzando por las milpas, el cañaveral y la huerta de mangos. Saltamos por el canal hasta llegar a la carretera que nos llevaría a su casa. Estábamos cansados, sudados y sin aire.

—Vamos —dijo Mago. Se secó la frente y luego levantó a Betty. Carlos y yo corrimos detrás de ella. Como yo no quería ser la última en llegar a la casa de la abuela Evila, corrí lo más rápido que pude, pero me dolía el cuerpo, tenía la boca seca y mi cabeza estaba caliente por tanto sol. Luego pensé en papi y seguí corriendo, hasta que vi la casa de la abuela Evila.

—¿Qué le vamos a decir? —preguntó Mago, antes de entrar. Teníamos mucho que decirle, pero ¿cuánto tiempo tendríamos antes de que la abuela Evila nos quitara el teléfono, como siempre lo hacía?

—Solo hay que decirle que lo extrañamos —dijo Carlos—. Creo que quiere decirnos algo, ¿no creen? ¿O si no por qué nos busca después de tanto tiempo?

Tocamos a la puerta y esperamos. Salió Elida, sonrió con burla y nos dio una ojeada sacudiendo su cabeza.

—Por lo menos se hubieran cambiado esos harapos —nos dijo—. Mírense, parecen mendigos.

—¿Y eso qué? —le contestó Mago—. Ni que nos fuera a ver.

Luego, mi primo Félix asomó su cabeza por la puerta de la cocina y se rio. Le murmuró algo a Élida y ella también se rio. Pasamos junto a ellos y entramos a la sala. ¿Y de qué se ríen?

Como papi se había ido cuando yo tenía dos años,

no tenía recuerdos de él. Pero luego de ver su foto miles de veces, conocía cada centímetro de su cara. Por eso, cuando Mago, Carlos, Betty y yo entramos a la sala de la abuela, supe quién era el hombre sentado en el sofá. Había subido de peso y tenía lentes. El color de su piel se parecía al de la tierra mojada, y no era blanco y negro como en la foto. Este Hombre Detrás del Vidrio era de carne y hueso.

—Vayan a saludar a su papá —dijo la tía Emperatriz. Se acercó detrás de nosotros y nos empujó hacia él. Yo no quería. Me daban ganas de echarme a correr a toda prisa hasta la casita de la abuelita Chinta, lejos de este hombre extraño: mi padre.

No quise verle la cara a mi papá. Tenía una expresión rara, como de sorpresa, vergüenza y lástima. Yo sabía por qué. ¿Qué pensaba, que íbamos a ser diferentes? ¡Qué malo fue mi primo Félix al no decirnos la verdad! Si nos hubiera dicho nos habríamos bañado y vestido con ropa limpia antes de venir.

Pero no. Ahí estaba yo, con mi vestido roto y manchado ante el padre que no había visto en casi ocho años. Mis sandalias estaban llenas de polvo. Tenía la cara sudada y quemada por tanto caminar bajo el sol. El pelo sucio y enredado. ¿Hace cuánto que no me bañaba? ¿Y si papi me veía los piojos? Me empezó a picar la cabeza, pero no me moví. Me mordí los labios para aguantarme.

—Miren nada más, niños. ¡Están bien grandes! —nos dijo papi, acercándose a nosotros, porque los cuatro estábamos tan asustados que no nos podíamos mover.

—Mi negra —dijo papi y abrazó a Mago. Ella tenía trece años y era casi tan alta como papi. Ella lo abrazó con todas su fuerzas, como si le diera miedo que desapareciera. Luego papi abrazó a Betty, que tenía cuatro años y, como yo, no se acordaba de él.

—¿Cómo estás, carnal? —dijo papi cuando le dio un abrazo a Carlos. Mi hermano no se aguantaba la emoción al verlo. Sonreía como nunca antes, ¡y por primera vez no le importó que viéramos sus dientes chuecos! A Carlos no le importaba que estuviéramos sucios de pies a cabeza. Tampoco le importaba que sus pantalones estuvieran rotos en las rodillas y que su camisa casi no tuviera botones, ni que su panza estuviera inflada de lombrices.

Ojalá que a mí tampoco me importara, pero no lo podía evitar. Todas las veces que imaginé mi encuentro con mi papá, no tenía ropa rota, ni los pies llenos de polvo, ni mi cabello enredado y sucio.

Me quedé viendo cada detalle de su cara, igual que hacía con su foto, y me dio gusto saber que de verdad me parecía a él. Papi me llamó.

—Ven acá, Chata —me dijo, usando ese apodo que me puso cuando era bebé. Me sentí tan bien al escuchar que me llamaba así.

Él es mi papi, de veras es mi papi, me dije a mi misma y por fin me acerqué, pero él apenas si me abrazó y no me dio tiempo de reaccionar, como Mago. Se alejó de mí y volteó a ver a la mujer que estaba a su lado. Yo no la había visto. Mis ojos solo lo miraban a él.

—Ella es Mila —nos dijo papi.

Era la mujer que había separado a mi familia. Quise gritarle y decirle algo feo, pero no se me ocurrió nada. Era más bonita que mami y también parecía más joven, aunque yo había escuchado decir a mami que Mila era cinco años mayor que ella. Su piel era clara y vestía unos pantalones blancos con una hermosa blusa roja. Mami nunca se ponía pantalones, solo vestidos floreados, como mi abuela. Mila no nos dijo nada, tan solo nos sonrió un poquito y volteó a ver a papi.

Antes de poder preguntarle lo que tanto queríamos —*¿por fin vas a regresar con nosotros?, ¿por fin volveremos a ser una familia?*—, él nos dijo:

—Me muero de hambre, vamos a comer.

Le dio dinero a mi tía para que fuera a comprar una cazuela de menudo al puesto más cercano. Papi abrió una de sus maletas y de ella sacó tres muñecas: una para mí, otra para Mago, y una más para Betty. Parecían de verdad, con ojos azules que se cerraban cuando las acostábamos y se abrían cuando las levantábamos. Acerqué mi cara al cabello rubio de mi muñeca y sentí su olor a plástico, el maravilloso olor de una muñeca nueva que nunca antes había tenido.

Papi nos dio varios vestidos y a Carlos pantalones y camisas. Luego nos miró los pies. Traté de esconder los míos, avergonzada de mis viejas sandalias. Mi abuela no tenía dinero para comprarnos zapatos, y por eso casi siempre andábamos descalzos. Yo solo tenía estas sandalias y las quería quemar en el basurero para que papi no me viera con esa mirada, igual que los vecinos cuando nos decían huerfanitos.

—No sabía cuál era su número, por eso no les traje zapatos, pero mañana les compraré unos —nos dijo papi.

Jugamos con nuestras muñecas. Aunque Mago decía que ya estaba grande para las muñecas jugó feliz con Betty y conmigo con tal de hacer enojar a la prima Élida. Papi no le trajo nada a Élida. Ella se paró a un lado y miraba con envidia nuestra ropa y nuestras muñecas. Una parte de mí se alegró de que papi no le hubiera regalado nada. Así ella ahora podía sentir lo que sentimos cuando su mamá vino de El Otro Lado y no nos trajo nada. Pero luego me sentí mal y quise que papi fuera generoso con su sobrina. Élida volvió a mirarnos, nos sacó la lengua y se fue de la sala.

Ya mero era de noche y papi aún no nos contaba por qué había venido. *¿Se iba a quedar con nosotros?* Esperé a que nos dijera que nos extrañaba y que sentía habernos dejado por tanto tiempo. Estaba sentado en el patio con su nueva mujer, riéndose de algo que ella le dijo. Me dieron muchos celos, y mi cuerpo me ardía, como si me hubiera picado un alacrán. Pensé en mami. Ahora entendía lo que ella había sentido. Por fin logré comprender algo de su coraje.

* * *

Nos quedamos a dormir en la casa de la abuela Evila. En la mañana, papi le rasuró la cabeza a Carlos para quitarle los piojos. También lo bañó, como si mi hermano fuera un niñito. Papi dijo que Carlos necesitaba una buena limpieza. A nosotras nos llevó al salón de belleza y le pidió a la peluquera que nos cortara el cabello bien corto. Quise protestar, quería negarme, pero tenía miedo de que él se fuera y esta vez ya nunca volviera. Por eso me senté muy quieta y cerré los ojos cuando oí el zumbido de las tijeras. Lloré en silencio. Otra vez perdí mi cabello bonito.

—¿Ya vieron todos estos piojos? —les dijo la peluquera a sus compañeras. Papi se escondió detrás de un periódico. Mago se sentó a esperar con Betty en sus piernas. Cuando la peluquera terminó conmigo le llegó su turno a Betty. Ella lloró, sacudiendo su cabeza, mientras Mago trataba de que no se moviera. Después, la peluquera le avisó a Mago que era su turno, pero papi dijo:

—A ella no.

Miré a Mago y sentí tanto coraje que me dieron ganas de escupirle. Camino a casa, papi se detuvo en la farmacia y compró un champú especial para piojos y cuando llegamos nos hizo lavarnos la cabeza.

—No tenías por qué cortarme el cabello —le dije a papi, ya sin poder aguantarme el enojo.

Él me miró y dijo:

—Ya te volverá a crecer, Chata. No te preocupes. —Cuando escuché que me llamaba así, se me quitó el enojo.

* * *

Más tarde, papi le echó un vistazo a la casa que construyó para nosotros. Luego de casi ocho años, su sueño estaba por cumplirse. Solo faltaban los vidrios de las ventanas. Lo llevamos por toda la casa, de un cuarto a otro, enseñándole todo lo que habíamos hecho. Le contábamos con orgullo cómo ayudamos a construir la casa de sus sueños.

—Acarreamos la grava en cubetas —dijo Carlos.

—También el cemento —dijo Mago.

—Y los ladrillos, montones de ladrillos —dije yo. Me acordé de lo mucho que me dolieron los dedos que me raspé y cómo las rodillas se me doblaban por el peso de las cubetas con la mezcla de cemento. La casa nueva ya estaba terminada, pero ya nada era igual. Mis papás ya no estaban juntos. La familia que una vez fuimos había desaparecido. *¿Volveríamos a ser una familia otra vez? Ahora que papi estaba aquí, ¿por fin seríamos la familia que yo siempre quise?*

—¿Cuál será tu cuarto? —le preguntó Mago a papi. Él se la quedó viendo, pero no nos dijo nada.

En la noche, cuando papi abrió su maleta para buscar su pijama, se encontró una gran sorpresa. Docenas de pequeños alacranes y su mamá alacrán cayeron al suelo. Yo grité y salté hacia el sillón.

—Te pudo haber picado —le dijo Mila, revisando el piso para ver si los había matado a todos y luego agregó—: ¿No crees que ya es hora de regresar a casa?

¿Regresar a casa? Pero si esta es su casa.

Como si estuviera leyendo mis pensamientos, Mago dijo:

—Nuestra casa ya está lista, así que él no necesita irse de nuevo. —Volteó a verlo y agregó—: ¿Verdad que sí, papi? ¿Te quedas con nosotros, o no?

Papi volteó a ver a Mila y luego a nosotros, antes de decir:

—Hablemos de esto más tarde, ¿está bien?

—¿Por qué no se lo dices de una vez, Natalio? Diles que no te vas a quedar —le pidió Mila.

—Está bien. Siéntense —dijo papi, señalando al sillón, y comenzó a explicar—: Miren, hijos, he tomado una decisión. No me voy a quedar. Aunque ya la casa está terminada, aquí no hay trabajo. Si me quedo, seguiremos atrapados en esta miseria.

—Pero, papi, la casa ya está. Por lo menos ya tenemos una casa bonita —le dije—. Es la casa que tu soñaste. Ya la tienes. ¿Eso no te hace feliz, papi?

—Nosotros no comemos mucho —le dijo Carlos—. Con poco dinero nos alcanza. Mago ya tiene trabajo en la estación de trenes y yo también puedo conseguir uno. Ya estoy grande.

—No —dijo papi—. Escúchenme bien. Ustedes deben estar en la escuela. Todos. ¿Quedó claro? ¿Mago, cómo que ya andas trabajando?

Mago se quedó callada. Papi la volteó a ver y esperó a que dijera algo. Hasta que por fin ella se levantó y le dijo:

—La abuela Evila tenía razón. Pretextos, eso es lo único que tienes para nosotros. Pretextos para no volver a casa. —Salió corriendo de la sala llorando.

Yo también quería llorar. Papi nos estaba abandonando otra vez.

18

Al otro día, Mila y papi nos dijeron que se irían en pocos días. Como ella ya era ciudadana de Estados Unidos, se podía ir en avión. Papi no tenía papeles ni permiso para entrar a Estados Unidos y entonces tendría que contratar a un coyote para cruzar la frontera.

—Yo ya no regreso aquí, niños —dijo papi—. Miren, yo tengo una nueva vida allá. Y no la quiero perder. Sé que no es justo que estén sin su padre. Yo pensaba que su madre los estaba cuidando bien. Pero ya vi que no.

Agarré la mano de Mago. Ella era mi mamacita. Aunque papi y mami no me quisieran, por lo menos ella sí me quería. Mago apretó mi mano.

—Llévanos contigo, papi —le pidió ella—. Si no vas a regresar, entonces llévanos contigo.

—No tengo dinero para llevarlos a todos. Solo puedo llevarme a uno —dijo él.

Mis ojos miraron al suelo. No quería escuchar lo que papi estaba por decir. Sabía a quién iba a escoger. Apreté la mano de Mago con más fuerza, porque me dio miedo de que papi se la llevara.

—Mago se va a ir conmigo. Ella es la mayor y no le costará mucho cruzar corriendo la frontera.

—¡No te la lleves, no te la lleves!

—¿Por qué no? —me dijo papi.

—Porque ella es todo lo que tengo.

Mago me abrazó. La apreté bien fuerte. Yo ya sabía vivir sin mi papá. Y con una mamá que a veces estaba y a veces no. Pero sin Mago, no. Sin Mago yo no podría. Ojalá y papi no hubiera regresado. Ojalá que solo fuera una fotografía en la pared. Prefería eso a que me quitara a mi hermana. ¿Para qué vino? ¿Solo para irse otra vez y llevarse a la única persona que de verdad me quiere?

—¿Y yo, papi? —le preguntó Carlos—. Yo soy muy rápido para correr. Pregúntales a mis amigos. Nunca me alcanzan cuando jugamos fútbol. La migra me va hacer los mandados.

Papi puso su mano en el hombro de Carlos.

—Tienes razón, carnal. Quizá tú también puedas cruzar la frontera. Me llevaré a los dos, pero a ti no, Chata, no puedo.

—¿Por qué nos vas a separar? —le pregunté—. ¿Por qué te los llevas? ¿Por qué me vas a dejar?

—Yo no los quiero separar —dijo papi, agachándose para mirarme a los ojos—. Volveré por ti, Chata, te lo prometo. En cuanto tenga dinero volveré por ti.

Sacudí la cabeza, porque no le creía.

—Te fuiste por casi ocho años, papi.

Papi bajó la mirada y se quedó callado.

Esa misma noche regresamos a la casa de la abuelita Chinta, porque papi no quería que dejáramos de ir a la escuela.

—Pero todavía estarán aquí mañana, ¿verdad? —le preguntó Mago. Teníamos miedo de que cuando no estuviéramos, papi empacara sus cosas y se fuera, para nunca más volver a Iguala.

—Claro que aquí estaré, negra —le contestó papi.

En la escuela, todos mis compañeros querían saber de papi. Hacían preguntas dolorosas que yo no quería responder.

—¿Por fin va a regresar o vino por ustedes? —preguntaban.

Yo no quería decirles la verdad. No quería aceptar que papi no me quería. Él sólo quería a mi hermana y a mi hermano. Por eso les mentí.

—Sí, papi me llevará con él. Adiós, amigos, los voy a extrañar —les dije mientras miraba sus ojos de envidia.

—Qué suerte tienes, Reyna —me respondieron.

Cuando terminaron las clases yo ya me la estaba creyendo. Pero luego me asusté. Si mis amigos descubrían la verdad, se iban a burlar mucho de mí. Me moriría de pena. Nunca me dejarían en paz y me recordarían que mi papá me volvió a dejar.

* * *

Después de clases llegamos a la casa de la abuela Evila y encontramos a papi y a Mila sentados en el patio con ella. Nos llamó y yo fui la primera en acercarme.

—Papi, tienes que llevarme a El Otro Lado contigo —le dije.

—¿Por qué? —me respondió.

—¡Les dije a todos que me vas a llevar! ¡Ya les dije adiós! Si se dan cuenta de que era mentira, se van a reír de mí. Papi, por favor, llévame contigo. Por favor.

Papi se rio, pero Mila me miró feo.

—Vaya que es terca, eh —dijo.

—Que se quede conmigo, Natalio, para que aprenda buenos modales —dijo la abuela Evila—. Esta chamaca tiene que entender que no les va bien a las mujeres que no saben cuál es su lugar.

—Yo no me iré contigo si no te llevas también a Reyna —le dijo Mago—. Es en serio.

—Lo mismo digo yo —dijo Carlos, sin ganas.

Papi me dio su mano y se la tomé.

—¿De verdad quieres irte a vivir conmigo, Chata?

—Sí, papi, por favor llévame.

—Está bien, en ese caso, voy a llevarme a todos mis hijos conmigo.

—Pero ¿de dónde caramba vas a sacar el dinero? —le dijo Mila.

—Pediré prestado —le contestó. Voy a pedirle a todo el mundo, a quien sea.

No le entendí nada a papi. Pensé que estaba borracho. Dijo que les pediría prestado a sus amigos para pagarle al coyote. Y que ese coyote nos iba a pasar a El Otro Lado. Dijo que Betty tenía suerte. Como ella era ciudadana de Estados Unidos, podía irse en avión con Mila.

Al escuchar eso, me dieron celos otra vez. No era justo. Ojalá yo también pudiera irme en un avión. Ojalá yo también fuera de allá.

—¿Nos van a disparar? —le pregunté a papi, al escucharlo hablar del cruce y de la gente que él llamaba «la migra».

—No, Chata, no. Nadie nos va a disparar —me dijo papi, sentándome en sus piernas—. No tengas miedo.

Pero yo vi la mirada que cruzó con Mila, antes de esconder su cara detrás de su lata de cerveza.

Al día siguiente Mago y yo fuimos al trabajo de mami para darle la noticia. Papi no quiso venir. Le daba miedo porque mami estaba enojada con él. Dijo que Mago hablara con ella y le pidiera nuestras actas de nacimiento.

Entramos a la tienda de discos. Vimos a mami. Estaba limpiando el mostrador, y bailando la cumbia «Juana la cubana». Cantaba y se reía sola. Yo me quedé parada, mirándola. Desde que volvió de El Otro Lado, nunca la había visto así. Yo creí que ya se le había olvidado ser feliz.

Mami volteó y, al vernos paradas en la entrada de la tienda, se agarró el pecho.

—Me asustaron —nos dijo, y corrió hacia el estéreo para bajar el volumen.

—Así que por fin regresó, ¿eh? —nos dijo, al escuchar las noticias—. ¡Y ahora me quiere quitar a mis hijos!

Por suerte, en ese momento el tío Gary llegó a saludar a mami a la tienda, justo a tiempo para calmarla. Le dijo lo que nosotros no podíamos decir, pero que ya sabíamos.

—Tú no te has hecho cargo de ellos, Juana. ¿Por qué no dejarlos ir a El Otro Lado? Además, nuestra madre ya está grande. No puede con tus hijos. Déjalos ir, Juana, eso es lo mejor. No les quites la oportunidad de tener una vida mejor.

Aguanté la respiración, esperando a ver qué iba a decir mami. Como ella era muy terca no era fácil de convencer. *Ojalá que hoy sí. Ojalá que hoy sea diferente.*

—Está bien. Si ellos se quieren ir con él, que se vayan —le respondió a mi tío.

¡Nos estaba dejando ir!

Luego se nos quedó viendo y dijo:

—Díganle a su padre que a Betty no se la puede llevar. A ella no.

—Pero ¿por qué? —le preguntó Mago—. ¿Para qué la quieres aquí si tu no la vas a cuidar? Mejor deja que se venga con nosotros. Ella es nuestra hermana.

—Y es mi hija —dijo ella—. Si ustedes tres se quieren ir con él, váyanse. No los voy a detener. ¡Pero él no me va a quitar a todos mis hijos!

—Pero . . . —dije, y ya no supe qué más decir. Ni mi tío Gary logró convencerla.

Entendí la cruel realidad: irnos con papi tenía un precio. El precio era nuestra hermanita. Para estar con él, teníamos que abandonarla.

—Vente, nena, vamos —me dijo Mago. Empezamos a caminar por la calle y había mucha gente. Miré para atrás y vi a mami en la entrada de la tienda de discos. Nos dijo adiós con la mano. Luego se perdió entre la gente. En mi cabeza, la canción seguía sonando. Todavía podía verla bailar y sonreír en la tienda de discos. Me solté de la mano de Mago y dejé de caminar. *¿Y si me quedo? A lo mejor si estoy con ella, mami vuelve a ser la de antes. A lo mejor y sí. Pero si me voy con Mago, nunca lo sabré.*

—Nena, ¿vienes o te quedas? —me dijo Mago con la mano estirada. La volteé a ver y supe que no. Que no quería dejarla. Ella era mi Mago y siempre había estado conmigo. Nunca se había ido. Corrí y le agarré la mano. En mi cabeza, mami seguía bailando en la tienda. Decidí que así la iba a recordar siempre, sonriendo, y no como la otra madre, la que me había dejado una y otra vez.

19

Al día siguiente, salimos muy temprano. Mi abuela Evila lloró al ver que mi papá se iba de nuevo. Yo nunca la había visto llorar. Cuando la vi agarrándose de papi con tanta fuerza, me sentí mal por ella. Yo solo pensaba en lo mucho que me dolía no tener a mis padres, pero me di cuenta de que a ella también le dolía no tener a su hijo.

Pensé en mami. ¿Había llorado cuando nos despedimos de ella?

—Vamos a decirle a tu mamá que venga a buscarte —le dijimos a Élida cuando la encontramos en la puerta. Ella nos ignoró y se puso a escribir a máquina.

Viajamos en camión desde Iguala hasta la ciudad de México. Mila se separó de nosotros para tomar el avión a El Otro Lado. Mago, Carlos, papi y yo tomamos otro camión rumbo a Tijuana. Tardaríamos casi dos días en llegar. Era como una aventura. No podía dejar de asomarme por la ventana. ¡Por primera vez salía de Iguala y quería verlo todo! El camión comenzó a rodear una de las montañas. Desde allí podíamos ver lo grande que se veía nuestra ciudad en el valle. Le dijimos adiós, justo cuando el camión se alejaba de la montaña.

A la mañana siguiente ya estaba inquieta y enfadada por haber estado sentada durante tantas horas. Estábamos mareados, menos papi. Para nosotros era nuevo andar en vehículos. Los tres compartimos un asiento en el medio del camión. Papi se sentó al fondo porque decía que no le gustaba sentirse encerrado. Yo veía cómo el sol jugaba a las escondidas entre las montañas. ¿Cuántas de ellas tendremos que cruzar hasta llegar a El Otro Lado?

—¡Despierten, despierten! —gritó Carlos.

Era la madrugada de nuestro último día en el autobús. Me froté los ojos adormilados y miré a mi hermano. Él nos estaba sacudiendo a Mago y a mí con la cara llena de lágrimas.

—¡Se fue, se fue! —sollozaba.

—Cálmate —le dijo Mago. Miramos hacia atrás. ¡El asiento de papi estaba vacío! ¿Dónde se fue? Mago se levantó y caminó hacia el frente del camión. Se agarró del pasamanos y buscó a papi. ¿Se había cambiado de lugar? ¿Estaba sentado adelante? Mago llegó hasta el chofer.

—Disculpe, señor, pero mi padre no está en el camión.

—¿Qué dices? ¿Estás segura?

Cuando Mago le dijo que sí, el chofer le respondió:

—Bueno, no sé dónde está.

En ese momento sentimos mucho miedo. Mago y yo también nos soltamos a llorar.

—¿Y si cambió de opinión y ya no quiere llevarnos a El Otro Lado? —dijo Carlos, secándose las lágrimas con su camisa.

—¿Cómo crees? —dijo Mago—. Papi no nos haría eso.

—¡Pues él dijo que no quería traerme! —dije—. ¿Qué tal si ahora tampoco los quiere llevar a ustedes?

—¿Cómo crees que nos va a dejar aquí en el camión, en medio de la nada? Además, no conocemos Tijuana —dijo Carlos.

Me asomé por la ventana y en la carretera vi la larga línea blanca entrecortada, como si fueran puntadas de aguja.

—No sabemos cómo regresar a Iguala. No tenemos dinero. ¿Qué vamos a hacer? —les pregunté.

—Ya párenle —nos dijo Mago— Pasó algo que no sabemos. Papi jamás nos abandonaría.

Ya nos ha abandonado antes, quise decirle, pero me callé.

Hicimos lo único que se nos ocurrió: rezar. La abuelita Chinta nos enseñó que la oración siempre ayuda, aunque Diosito no nos escuche. En voz baja rezábamos el Padre Nuestro y el Ave María. *Por favor, diosito, haga que papi cambie de opinión y regrese por nosotros*.

Cuando el camión se detuvo en la siguiente parada, no sabíamos qué hacer. Algunos pasajeros bajaron y otros comenzaron a subir.

—Tenemos que bajarnos ya, si no el autobús nos va a

llevar más y más lejos de Iguala —dijo Mago.

—Pero ¿y cómo vamos a regresar si no tenemos dinero? —dijo Carlos.

—Nos bajamos y esperamos a papi. Yo sé que regresará, seguro que sí —dijo Mago.

Ella y Carlos se me quedaron viendo. *¿Qué hacemos*? Ya todos los pasajeros se habían subido al camión. El chofer estaba por cerrar la puerta cuando alguien de repente la golpeó. El chofer la abrió otra vez. ¡Era papi!

—¿Por qué se fue sin mí? —le dijo quejándose.

El chofer negó con la cabeza.

—No pues. No me di cuenta que se bajó.

—Usted dijo que teníamos diez minutos y se fue después de cinco minutos —le dijo papi—. Estaba comprando el desayuno de mis hijos.

El chofer retomó el camino y papi se acercó a nosotros. ¡No nos abandonó! Al verlo me dieron tantas ganas de abrazarlo, pero me dio pena, así que le sonreí con mucho gusto.

—¡Qué bueno que nos encontraste, papi! —le dije.

Nos dio unos tacos.

—Ya están fríos —nos dijo.

Eso no nos importó, y como teníamos mucha hambre rápido los devoramos. Papi nos contó lo que pasó. Dijo que se bajó a comprar el desayuno porque sabía que íbamos a despertar con hambre. Pero cuando volvió el camión ya no estaba. Tuvo que pagar un taxi para poder alcanzarnos. Dijo que le costó muy caro, pero no había de otra.

Papi se sentó junto a Mago.

—Lo siento, hijos —dijo.

—No fue tu culpa, papi —le respondió Mago, recargando la cabeza en su hombro. Nos quedamos viendo el camino, y no mucho después apareció un letrero enorme frente a nosotros: BIENVENIDOS A TIJUANA.

20

Papi rentó un cuarto en un hotel. Solo tenía una cama grande, una mesita de luz, un tocador y una televisión. Papi nos dejó la cama a los tres.

—Yo puedo dormir en el suelo —nos dijo. El suelo estaba bien duro y era incómodo, pero no había dinero para algo mejor.

—Si tenemos suerte, solo estaremos aquí una noche —nos dijo.

Nos quedamos mirando la televisión y él se fue a buscar comida y un coyote, la persona que nos ayudaría a cruzar la frontera. Mientras lo esperábamos, miramos *El Chavo del 8*. Era la primera vez que nos quedamos en un hotel y vimos la tele acostados en la cama. *Quizá nuestro viaje al norte no esté tan mal*, pensé.

Papi regresó con tacos y refrescos.

—Nos vamos mañana —dijo—. Coman y luego derechito a la cama. Nos iremos bien temprano.

* * *

Antes de que amaneciera, el coyote pasó al hotel por nosotros y nos hizo atravesar la ciudad. Yo tenía muchísimo sueño y estaba de mal humor. Para colmo de males, esa mañana me levanté con dolor de muela y papi no tenía nada para darme. No era la primera vez que me pasaba, pero antes mi abuela me había curado dándome a masticar hojas de yerbabuena. No había de otra más que tratar de dormir y esperar a que se me quitara el dolor.

—Despiértate, nena. Ya llegamos —me dijo Mago.

El sol estaba saliendo cuando el carro se detuvo. Nos bajamos y miramos a nuestro alrededor. No sabía lo que era la frontera, pero nunca imaginé que solo fuera un montón de tierra, arbustos, piedras y maleza debajo del cielo azul.

—Por aquí nos vamos —dijo el coyote, y se me quedó viendo—. No te separes de nosotros, ¿de acuerdo? Porque no quieres que te dejemos, ¿verdad?

Miré hacia papi. ¿Me dejaría aquí en medio de la nada?

Cuando el coyote vio mi cara aterrada se comenzó a reír y me dio un golpecito en la cabeza.

—Estoy bromeando —me dijo.

Papi volteó a vernos con cara seria.

—Estén atentos y hagan lo que él les diga.

El coyote nos hizo cruzar por un agujero en la reja de alambre y entramos al desierto. Caminamos en silencio. Yo miraba las hormigas que se movían a toda prisa en busca de comida. Un halcón volaba en el cielo. Los pajaritos cantaban entre los árboles. Las lagartijas se escondían bajo las piedras. Si no fuera por el miedo, me habría gustado mucho esta aventura. Luego pensé que, aunque este lugar era bonito, era tierra prohibida. No debíamos estar aquí.

De vez en cuando el coyote nos daba órdenes a gritos y nosotros le obedecíamos: «¡Caminen! ¡Escóndanse! ¡Corran! ¡Agáchense!». Yo no estaba acostumbrada a caminar y correr tanto y tan rápido. Al mediodía, cuando íbamos por el cerro en medio del calorón, la muela me dolió más y sentí fiebre. Mago me abrazó y me recargué en ella, sin dejar de caminar. Pero pronto nos dimos cuenta de que nos estábamos quedando atrás.

—Vamos, nena, tú puedes —me dijo Mago.

—Quizás sea mejor regresarnos —le dijo el coyote a papi, y se detuvo para esperarnos—. Con niños es bien difícil el cruce.

—No —dijo papi—. Sigamos, ella va a estar bien.

Papi decidió cargarme en su espalda. Yo lo agarré con fuerza, sintiendo las ramas que se enredaban en mis piernas, como si quisieran arrancarme de sus manos. Nunca me había cargado así y a mi me hubiera gustado estar en un parque y no en la frontera con hambre, enferma y con miedo de que nos atraparan.

Tenía la garganta seca y una vez más volví a pedir agua.

—Ahora no, Chata —me contestó papi, sin dejar de caminar. Estaba cansado y apenas podía respirar.

De pronto, una nube de polvo se levantó a lo lejos. Una camioneta blanca se acercaba a nosotros.

—¡Corran! —gritó el coyote. Nos metimos entre los arbustos y yo abracé con fuerza a papi, mientras él corría hasta esconderse detrás de una piedra. Me aferré a él con tanta fuerza que casi lo ahogo. Él se soltó de mí y tosió con fuerza, tapándose la cara con su brazo.

¿Lo escuchó la migra?

La camioneta se detuvo. Bajaron varios hombres vestidos de verde, esos que papi llamaba «la migra».

—Salgan de ahí, no pueden escapar.

Nos llevaron a la estación fronteriza. Mago, Carlos y yo esperamos en el pasillo mientras los agentes llevaban a papi a la oficina. *¿Qué nos van a hacer?* Sentí como si hubieran pasado horas. Una eternidad. Los ojos nos dolían de tanto llorar. Los agentes pasaban al lado nuestro sin hacernos caso. Llegaron más y más migrantes. La mayoría eran hombres y unas cuantas mujeres, pero no niños. Aunque ellos estaban tan asustados como nosotros, nos miraban y sonreían para darnos ánimos. Con la mirada nos decían: «*Tengan fe, no se rindan*».

No sé cuánto tiempo estuvo papi con los agentes. ¿Qué tanto le preguntaban? ¿Y si lo arrestan? ¿Qué pasaría si nunca nos volviéramos a ver? Me acurruqué entre mi hermana y mi hermano. Otra vez me dieron ganas de llorar.

Un agente de la patrulla fronteriza, con ojos azules, se detuvo en frente de nosotros y nos dijo algo en inglés.

Movimos nuestras cabezas como tontos, sin saber qué decir. Él se sonrió, fue hasta una máquina y regresó con refrescos para nosotros. Nos dio una palmada en la cabeza y se alejó.

De repente me dio mucha hambre y sed. El miedo no me dejaba pensar en otra cosa que no fuera papi. Destapamos nuestros refrescos y su sabor dulce me dio esperanza. Era un regalo del agente, de un gringo de ojos azules. *Tal vez, no son tan malos, pensé. Tal vez entiendan que lo único que nosotros queremos es tener una familia.* Ojala y nos dejen ir.

Horas después, papi por fin salió al pasillo para encontrarse con nosotros. Nos sacaron del edificio, nos metieron en una camioneta, y muy pronto ya estábamos en la aduana, cerca de la frontera. Cruzamos por una puerta de esas que giran y *¡zas!* . . . otra vez de vuelta en Tijuana.

—Vamos a comer algo —nos dijo papi, y nos llevó al restaurante más cercano. Como nunca había ido a un restaurante, con mucha emoción me puse a ver el menú para ver qué se me antojaba. La mesa tenía un mantel floreado cubierto por un plástico transparente para que no se manchara. Había una rocola donde sonaban rancheras y la mesera llevaba puesta una hermosa blusa con olanes y listones.

Yo pedí unas patas de cerdo fritas con frijoles negros. Casi nunca las comíamos. Estaban tan ricas que me encantó chupar cada uno de los huesitos. Papi se reía de mí porque ya todos habían terminado y yo seguía bien entretenida con mi comida.

—Te voy a llamar Huesitos, en lugar de Chata —me dijo papi, bromeando.

Ese apodo me dio risa.

—¿Y ahora qué vamos a hacer? —le preguntó Mago a papi, ahora que ya teníamos nuestras panzas llenas.

Yo dejé de comer. Recordé lo que el coyote nos había dicho, que el viaje con niños era muy difícil. ¿Qué tal si papi pensaba que tenía razón?

—Mañana lo intentaremos de nuevo —nos dijo papi, mirándome a mí. Respiré hondo, aliviada.

La segunda vez que intentamos cruzar tuvimos la misma mala suerte. Otra vez, mis piernitas no podían alcanzar a los demás. El sol me daba un dolor de cabeza horrible. En un descanso, me alejé para hacer pipí entre los arbustos y vi a un hombre tirado en la tierra. Pensé que estaba dormido, pero cuando me acerqué vi las moscas que le volaban en su cara. Tenía un golpe muy feo en la frente.

Grité pidiendo ayuda. Papi llegó primero. Luego el coyote y después Carlos y Mago. Papi le pidió a Mago que me callara. Nos podía oír la migra.

Mago me jaló del brazo para alejarme de ahí.

—¿Está muerto? —le pregunté —. ¿Está muerto?

—Está durmiendo, nena, solo está durmiendo —me respondió.

Media hora más tarde nos atrapó la migra.

21

Aunque era de día, nos acostamos a dormir.

—Tienen que descansar todo lo que puedan —dijo papi—. Porque esta noche vamos a cruzar la frontera otra vez.

Esta noche no íbamos a dormir nada, solo íbamos a correr y correr.

—Es nuestra última oportunidad, niños —nos advirtió papi. Se acostó en el suelo, al lado de nuestra cama—. Si no lo conseguimos esta vez, voy a tener que mandarlos de regreso con mi mamá.

—No, papi, por favor —le dije. No quería volver con la abuela Evila. Solo de pensarlo me llenaba de angustia. Y era mi culpa. Eso lo sabía. Si no me hubiera enfermado la primera vez . . . Si hubiera corrido más rápido . . . Si no me hubiera quejado del calor, del hambre, del dolor de muelas . . . Si no hubiera pedido tanta agua, a lo mejor sí lo habríamos logrado.

—Lo siento, niños. Me van a correr del trabajo si no regreso —nos dijo, y explicó que ya no tenía dinero para comprar comida ni pagar el motel. El dinero que le prestaron para pagarle al coyote que nos iba a pasar se había acabado. Buena parte se fue en pagar el taxi para alcanzarnos en el camión.

—No nos mandes de regreso —le dijo Mago, con una vocecita que apenas se oía. Papi nos volteo a ver, y yo les agarré las manos a Mago y Carlos, apretándolas fuerte. Me dio miedo pensar en volver a la casa de la abuela Evila. No quería ser la niña sin papás otra vez, la que siempre está esperando.

Papi suspiró y dijo:

—Esta es la última vez que lo intentaremos. Si no lo logramos se tendrán que regresar. Duérmanse ya, necesitan fuerza para la noche.

¿Pero cómo iba a dormir? Pensaba en lo rápido que se habían ido los últimos cinco días, en mami, en la pequeña Betty y en mi querida abuela. Me puse muy triste por todo. Sí, estaba contenta de que papi me hubiera traído, pero a la vez triste porque mi hermanita se tuvo que quedar. Sentía como si la hubiéramos abandonado. ¿Por qué teníamos que escoger? Dejar a mi mamá, a mi hermanita y a mi abuelita, para tener papá. ¿Y si esta noche no lo logramos, y lo perdemos a él también?

Por favor, Diosito, deme alas.

Ya era de noche cuando papi nos despertó. Nos subimos a un camión que nos llevó donde el coyote nos esperaba. Lo seguimos por un camino de tierra y nos metimos por un agujero en la cerca. Del otro lado, todo estaba oscuro.

—Acuérdense que es la última oportunidad que tenemos —nos dijo papi, mientras iba detrás del coyote, y nosotros los seguíamos en una sola fila: Mago, yo y Carlos al final. Íbamos por un caminito, y la luna nos sonreía desde arriba. *Si la luna nos está sonriendo, ¿es una buena señal?* A lo lejos vi dos luces rojas que parecían los ojos del diablo y me dio miedo.

—Son unas antenas —dijo el coyote, cuando Carlos le preguntó.

Mi cuerpo estaba duro de miedo. Cada ruidito me asustaba. Los grillos, el viento que movía las ramas de los arbustos y hasta nuestras respiraciones agitadas. ¿Y si era la migra? ¿Y si nos atrapan y nos mandan hasta la casa de la abuela Evila?

—Apúrate, Reyna —me dijo papi en voz baja, y yo corrí para alcanzarlos. Ni me di cuenta de que Carlos ya me había pasado.

De pronto se escuchó algo parecido al ronroneo de un gatito. Después se oyó más fuerte.

—¡Corran! —nos gritó el coyote y huyó.

Papi me agarró de la mano y me jaló con él. Corrimos. Yo no podía seguirle el paso, y me caí. Él me levantó y me cargó en sus brazos. Mago y Carlos venían corriendo justo detrás de nosotros.

Una luz brilló a lo lejos y el ronroneo se volvió un ruido de león.

—¿Qué está pasando, papi? —preguntó Mago.

—Es un helicóptero.

Carlos se tropezó con una piedra, pero papi no se detuvo.

—Papi, espera —le dije, pero él parecía un animal asustado, corriendo entre los arbustos para esconderse.

—Agáchense —dijo el coyote, en la oscuridad. Papi se tiró al suelo y nos volvimos lagartijas, arrastrando nuestras barrigas en la tierra fría y mojada en busca de un escondite. Me raspé las rodillas con unas piedras. Entre lo oscuro vi a Carlos que se quedaba atrás. Le rogué a papi que lo esperara, pero me empujó. Nos escondimos en una cuevita de arbustos gigantes. Mago y yo nos sentamos al lado de papi, y él nos abrazó con fuerza, mientras escuchábamos el escándalo que hacía el helicóptero sobre nosotros.

La luz del reflector pasaba sobre las ramas de los arbustos y de repente alumbró mi zapato. Yo jalé mi pie. ¿Y si la gente del helicóptero lo vio? Me quedé quieta. Un solo ruidito y nos descubrirían. *Por favor, Diosito, no deje que nos vean. Por favor, Diosito, ayúdenos a llegar bien a El Otro Lado. Quiero vivir en ese lugar perfecto. Quiero tener un padre. Quiero tener una familia.*

Por fin el helicóptero se fue. Volvimos a oír la noche, los grillos y un coyote a lo lejos, pero luego escuchamos unas ramas que se rompían. Nos volvimos a asustar.

Papi asomó la cabeza por la cueva y suspiró con alivio.

—Lo siento, carnal —fue lo primero que dijo cuando salimos.

Carlos y el coyote estaban parados en la entrada de la cueva. Carlos sonreía, orgulloso porque no lo habían atrapado.

—¡Hubieran visto cómo se metió entre los arbustos! Parecía una verdadera iguana —dijo el coyote.

Seguimos caminando en la oscuridad. Lo bueno fue que no apareció otro helicóptero. Yo apretaba muy fuerte la mano de papi y la de Mago con mucho miedo de perderlos. Caminamos sin parar. A veces me tropezaba con las piedras. Sentía las ramas de los arbustos como si fueran uñas que me arañaban los brazos para que no pudiéramos pasar. Hasta que el coyote nos dijo:.

—¡Ya llegamos! ¡Bienvenidos a los Estados Unidos!

Miré hacia todos lados y, bajo la luz de la luna vi los mismos arbustos, las mismas piedras, la misma tierra y el mismo cielo. ¿Qué quería decir ese «ya llegamos»?

—Aquí termina México y comienza Estados Unidos —nos dijo el coyote.

Yo miraba y miraba pero no sabía cómo lo sabía. Para mi todo parecía igualito.

—La línea es invisible —dijo, como si leyera mis pensamientos.

Cuando llegamos hasta arriba de la colina, el coyote señaló hacia las lucecitas de una ciudad que brillaba a lo lejos.

—Es San Ysidro y para allá vamos —nos dijo.

Ver esas luces me dio la fuerza que necesitaba para

seguir caminando. Si levantaba la mano, casi podía tocarlas.

Llegamos a una carretera muy grande y el coyote nos dijo que lo llamaban «*freeway*». Yo jamás había visto una así.

—Vengan por aquí, rápido —nos dijo, y nos metimos en una zanja para esperar. Los carros pasaban por ambos lados de esa carretera—. Cuando les diga que corran, corran. Tenemos que cruzar sin que nos vean.

Nos agachamos al borde de la zanja, miramos los carros y cuando dejaron de pasar el coyote nos dio la señal.

—¡Corran! —nos gritó, y sin pensarlo mucho le hicimos caso.

Yo corrí y corrí entre la oscuridad, sin fijarme que en medio de la carretera había una barrera que la dividía, y casi me estrello en ella, pero papi me alzó en el aire.

—¡Cuidado! —gritó, y juntos la saltamos. Luego me agarró de la mano para llegar al otro lado. Nos metimos de nuevo en otra zanja, justo antes de que las luces de los carros nos iluminaran.

—Allí va la patrulla fronteriza —dijo el coyote—. Vamos a esperar aquí hasta que sea seguro.

Antes de que amaneciera salimos de la zanja y fuimos a la casa de otro coyote, el que nos llevaría a Los Ángeles, adonde llegaríamos unas horas más tarde.

—Lo logramos —grité, y junto con Mago y Carlos empezamos a saltar de alegría. Ya no más arrastrarnos entre los arbustos. Ya no más caminar por horas y horas. Y lo más importante, ya sin miedo de quedarnos sin papi.

Papi se subió al carro y se sentó adelante, mientras yo y mis hermanos nos subimos atrás.

—Agáchense para que no los vean —dijo el coyote, un hombre que se hacía llamar el Güero.

—Aunque ya cruzamos —nos dijo papi—el peligro sigue. La migra nos puede detener en el camino a Los Ángeles.

Y yo que creía que ya estábamos a salvo. Con un suspiro, Mago y yo nos acostamos en el asiento abrazándonos como cucharitas, y Carlos se acostó en el piso. Mi panza gruñía de hambre, luego de estar muchas horas sin comer.

En ese viaje de San Ysidro a Los Ángeles yo tenía muchas ganas de ver cómo era El Otro Lado. De conocer por fin mi nueva casa. Pero como íbamos escondidos, lo único que podíamos ver era el techo del carro y me empecé a marear. Por suerte el coyote nos dijo que podíamos levantarnos un momento para estirarnos. Cuando me asomé por la venta, lo primero que me sorprendió fueron las palmeras. Nunca había visto tantas juntas. Pasaban bien rápido, *¡zas, zas!* Vi una carretera tan ancha que me dejó boquiabierta. Nada que ver con las calles de Iguala. Vi carros tan limpios y brillantes y tan diferentes de las carcachas de allá. El coyote iba bien rápido y sentí que me lo estaba perdiendo todo. Nos ordenó que nos agacháramos otra vez, y lo último que vi fueron dos arcos dorados. Luego nada.

—¿Y si paramos a comprarles unas hamburguesas a mis hijos? —le preguntó papi al coyote.

Yo nunca había comido una hamburguesa, pero había oído que eso comían en El Otro Lado. Mi panza gruñó de solo pensar en comerme una.

—Demasiado arriesgado —dijo el Güero, negando con su cabeza, y siguió manejando. Luego abrió la guantera y de una bolsa sacó algo que se metió en la boca. Bajó el vidrio de la ventanilla y escupió. Lo hizo varias veces y me dio curiosidad. Como sabía que teníamos hambre nos preguntó:

—Ey, niños, ¿quieren un poco?

—¿Qué es? —le preguntó Mago.

—Semillas de girasol —y bajó la ventanilla para escupir de nuevo.

Mago, Carlos y yo nos quedamos viéndolo. ¿Semillas de girasol? Mira nomás, estábamos en el país más rico del mundo y este hombre nos ofrecía comida para pájaros. Ni el más pobre de mi ciudad comía eso. *Cómo me hubiera gustado comerme una hamburguesa*, pensé.

—Son como las pepitas —dijo papi.

Mago agarró la bolsa, sacó un puñado de semillas y nos las ofreció a Carlos y a mí. Luego agarró algunas para ella y le regresó la bolsa al Güero.

—Miren, esa es la salida para Disneylandia —dijo el Güero, señalando por la ventanilla, pero se acordó de que no podíamos ver porque íbamos agachados—. Ya se pueden levantar, creo que ya estamos seguros —nos dijo.

Mami nos había hablado de Disneylandia. Se lamentaba mucho no haber ido cuando vivía aquí. Ojalá algún día yo tuviera suerte de conocerla. Y ojalá que también algún día pudiéramos hablar inglés. Ya nos sentíamos mejor, y nos levantamos con ganas de comernos esas semillas de girasol. Dejé que Mago fuera primero. Se metió un puño en la boca y las masticó, pero cuando trató de tragarlas empezó a ahogarse.

—Le tienes que quitar la cáscara —le dijo el Güero—. Se me olvidó decirte.

Hice lo que el Güero me dijo y me comí una. Quebré la semilla con mi diente y me comí lo de adentro. Quizás fue el hambre pero me supieron bien ricas. Les chupé la sal de la cáscara, y luego me comí lo de adentro. Nos pasamos el resto del viaje a Los Ángeles saboreando esas semillas de girasol.

Jamás pensé que mi primer desayuno en Estados Unidos sería comida para pájaros. Pero ahora que ya estábamos aquí, sanos y salvos, sabía que siempre lo recordaría como el desayuno más rico de mi vida.

Un rato después, papi señaló hacia unos enormes edificios, los más grandes que jamás había visto.

—Ese es el centro de Los Ángeles.

Me acordé del mapa que Mago me enseñó una vez, donde decía *Los Ángeles*. Y me di cuenta que mami y yo habíamos cambiado de lugar, pero que la distancia entre nosotras era igual de grande que hacía tres años.

—¿Qué tan lejos estamos de nuestra casa en Iguala? —le pregunté a papi.

—¿Nuestra casa? Esta es ahora nuestra casa, Chata —me respondió él.

Sentí el enojo en su voz y me dieron ganas de decirle que aunque esta era nuestra nueva casa, mi cordón umbilical estaba enterrado en Iguala.

—Guerrero está como a tres mil kilómetros de aquí —dijo el coyote.

Tres mil kilómetros era la distancia entre mami y nosotros. Entre yo y el lugar donde nací. Me di vuelta para mirar hacia atrás, mientras que el carro se acercaba a su destino. Mami me había dicho que nunca olvidara de dónde venía.

—Te prometo que nunca lo olvidaré —le respondí en voz baja.

Salimos del *freeway* y llegamos a nuestro nuevo hogar.

Segunda parte

EL HOMBRE DETRÁS DEL VIDRIO

1

Nuestra casa nueva en Estados Unidos estaba en Highland Park, un barrio latino de Los Ángeles. Mila y papi eran dueños de un edificio de cuatro apartamentos en la calle Granada. Nosotros vivíamos en uno que solo tenía una habitación porque no podíamos pagar por algo más grande.

—Lo primero que tengo que hacer es pagar todo el dinero que me prestaron para el coyote.

Por ahora, Mago, Carlos y yo debíamos dormir en la sala hasta que papi pagara la deuda. Mago y yo en el sofá-cama, y Carlos en el piso. ¡Pero no nos importaba! Para otros, este apartamento de papi no era gran cosa, pero para nosotros, después de vivir en la casita de la abuelita Chinta con mi tío, ¡esto era un palacio! Tenía alfombra, baño adentro con regadera y una taza de baño que bajaba el agua sola. También tenía ventanas con vidrios, por donde entraba la luz del sol, y mosquiteros. Pero lo mejor de todo es que tenía paredes fuertes, que me hacían sentir segura y protegida, como nunca lo había estado.

Afuera estaba bien bonito. En vez de caminos de tierra había calles de cemento que no terminaban. Alrededor no se veía ninguna casita de palitos y cartón, sino casas bonitas y bien hechas. Tampoco había terrenos vacios llenos de yerba y basura, sino lugares verdes y jardines llenos de muchas flores. Me sentí en el paraíso.

Mila nos llevó a una tienda llamada Kmart, la más grande que yo había visto. El techo era altísimo y el piso tan blanco y brillante, que hasta podía ver mi reflejo. Esta tienda tenía de todo. Ropa tan bonita que daban ganas de poder comprarla toda. Mila nos dijo que no tenía mucho dinero para gastar. A Mago y a mi nos compró unos de vestidos, faldas y blusas, y para Carlos pantalones y camisas, un paquete de calzones y un par extra de zapatos para cada uno, porque los que traíamos se habían arruinado en el cruce de la frontera. Llegamos a Estados Unidos solo con la ropa que traíamos puesta.

Como ya eran finales de mayo, y las clases ya casi terminaban, papi no nos apuntó en la escuela. Empezaríamos en septiembre, así que todo el verano nos quedamos solos en casa. Eso no nos importó. Por fin podríamos ver televisión todo lo que quisiéramos. No entendíamos ni una palabra de inglés, pero eso no importaba. Nos gustaban las caricaturas, como *ThunderCats*, *He-Man* y *Jem*.

Papi y Mila trabajaban en una casa para ancianos. Él hacía mantenimiento y ella cuidaba a los viejitos. No queríamos que pensaran que éramos unos flojos, así que

Mago, Carlos y yo limpiábamos la casa. Barríamos la alfombra con una escoba, porque la única vez que Mago usó la aspiradora, ¡se tragó un pedazo de cortina y echó humo! No supimos qué hacer. Por más que jaláramos y jaláramos solo logramos que la soltara cuando Carlos la desenchufó. Decidimos usar la escoba. Esa sí la conocíamos. La aspiradora tenía que esperar.

Ese verano, lo que más me gustó fue conocer el mar. Un día de julio, nos metimos en el Mustang rojo de papi y nos fuimos a Santa Mónica. Cuando llegamos a la playa, Carlos, Mago y yo corrimos a la orilla, maravillados por lo grande del mar. Ni siquiera en mis sueños más fantásticos pensé que fuera así. Kilómetros y kilómetros de agua brillando bajo el sol de verano. Respiré hondo el aroma salado del mar mientras el viento jugaba con mi cabello.

—¿Qué les parece, niños? —nos preguntó papi, acercándose a nosotros.

—¡Está bien bonito! —le dijimos.

Mientras Mila y papi preparaban unos sándwiches, Mago, Carlos y yo nos acostamos en la arena para broncearnos. Se sentía bien rico estar acostados bajo el sol, oyendo las olas y las risas de las familias que estaban por ahí. Por primera vez sentí que éramos una familia normal, con una mamá y un papá, como siempre lo había soñado. Cualquiera que nos mirara de seguro pensaría: «Miren qué bonita familia». Claro, no todo era perfecto. No tenía a mi mamá ni a mi hermanita. Papi seguía siendo un extraño para mí y yo todavía no me hallaba en este país, en esta cultura estadounidense, pero me sentía agradecida por las pequeñas cosas. La playa, el sol y papi junto a mí.

—Niños, váyanse a jugar —nos dijo Mila.

Mago, Carlos y yo hicimos un hoyo en la arena y lo llenamos con agua. Allí cabían nuestros piés. Buscamos conchitas de mar en la orilla, sintiendo cómo nuestros pies se hundían en la arena. No nos atrevimos a meternos. No sabíamos nadar. En México no nos daba miedo meternos en el canal, porque el agua nos llegaba hasta la cintura. Pero aquí en la playa, con esas olas que reventaban una tras otra, y el agua que nos podía jalar, ¿cómo no íbamos a tener miedo de ahogarnos, por muy bonitas que estuvieran esas aguas?

—-Si no se van a meter, vámonos a casa —nos amenazó papi.

Mago y Carlos se metieron un poco más, pero yo me quedé parada al lado de papi, recordando aquella vez en que casi me llevó la corriente en el canal y cuando Catalina se ahogó.

—Vamos, Chata, métete —me dijo papi.

—Tengo miedo —le dije, y él me agarró de la mano.

—No tengas miedo. Yo voy contigo —y caminamos juntos dentro de esa agua espumosa.

—No me sueltes —le dije a papi. Me agarré de su mano con fuerza y con mis piés me agarraba fuerte a la arena. Mientras sentía su mano me di cuenta de que se parecía a la mía. Los dos teníamos los dedos largos. No podía creer que ya no era una foto colgada de la pared.

—No te voy a soltar, Chata —me dijo. Nos metimos más en el agua. Cerré los ojos y les agradecí a los santitos por este día. No había mejor manera de conocer el mar: ¡Agarrada de la mano de papi!

Él cumplió su promesa de no soltarme.

2

Con el paso de los meses, Mago le escribía cartas a mami. También le mandaba fotos que nos tomamos con la cámara Polaroid de papi. En una de ellas lucíamos la ropa nueva, en otra se veía a Carlos en la bicicleta que le compró papi, y en una más todos jugábamos béisbol en el patio. También tomamos fotos junto al Mustang rojo de papi, o celebrando nuestro primer día festivo en Estados Unidos, el 4 de julio. Siempre salíamos sonriendo, como si aquí la vida nos diera todo lo que queríamos.

Las fotos eran para que mami viera que estábamos bien y que no se preocupara. Le ocultamos el lado oscuro de papi. Cuando estaba borracho nos gritaba y nos pegaba con su cinturón. Ese era nuestro secreto. En las fotos, Mago siempre escribía algo. *A nuestra madre querida, a quien amamos y adoramos, a pesar de todo. Tus hijos: Mago, Carlos y Reyna.*

* * *

Me pasé el verano esperando que comenzarán las clases. Ya quería conocer a mi maestro, hacer amigos y tener mis propios libros. Mila nos dijo que aquí en Estados Unidos los maestros no les pegaban a los estudiantes, como en México, ¡y que el maestro no me iba a gritar por ser zurda!

—Todo eso que les dijo su abuela sobre el diablo son tonterías —nos dijo Mila. Por eso me empezó a gustar mi madrastra y se me quitó el miedo de ir a la escuela. Ojalá que algún día pudiera ser como ella, capaz de hablar bien en español y en inglés, y tener la ciudadanía de Estados Unidos.

Pero cuando llegó septiembre y cumplí diez años, me volvió el miedo. Al otro día comenzaría el quinto grado, Carlos el séptimo y Mago el octavo. No sabíamos ni una palabra en inglés. ¿Cómo íbamos a hablar con los maestros? ¿Cómo íbamos a hacernos de amigos si no entendíamos lo que nos decían?

Pero a papi no le preocupaba nuestra falta de inglés. A él le preocupaba otra cosa.

—No le digan a nadie que no tienen papeles —nos advirtió.

—Claro que no, papi —le contestamos.

—Lo digo en serio. Si le dicen a alguien cómo llegamos aquí, entonces díganle adiós a este país. ¿Entendido?

Papi nos dijo que habíamos entrado a Estados Unidos sin permiso. Yo no entendía por qué había una ley que decía que los niños no podían estar con sus papás. ¡Si esa era la única razón por la que había venido a este país!

—Y más les vale que le echen ganas a la escuela —nos advirtió papi—. Porque si no, los regreso a México.

—No te vamos a fallar, papi, te lo prometemos.

—Está bien —nos dijo, y se acabó su cerveza—. Ya váyanse a la cama. Mañana hay que levantarse temprano, y no era broma lo que les dije.

Salimos de la cocina y fuimos a la sala, donde Mila miraba la tele. Tan pronto nos vio, se levantó y se fue a su cuarto.

Mago y yo preparamos el sofá-cama y nos acostamos. Carlos dormía en el suelo, pero esa noche estaba muy ansioso por lo que nos esperaba al otro día, y se acostó con nosotras. Los tres nos acurrucamos, mientras escuchábamos el vuelo de un helicóptero muy cerca del apartamento. Por un momento se me olvidó que estábamos en Highland Park y me sentí de nuevo en la frontera, corriendo entre la oscuridad, tratando de esconderme del helicóptero que volaba sobre nosotros. Una vez más sentí miedo: si fallábamos esta vez, papi podría desaparecer de nuestras vidas.

—Tranquila, nena —me dijo Mago, abrazándome hasta que el ruido del helicóptero se alejó—. No pasa nada. Ya duérmete. Mañana será un día muy largo.

Traté de hacerle caso, pero no pude descansar. Hacían mucho escándalo aquí. Allá con la abuelita Chinta las noches eran muy tranquilas, a menos que ladraran los perros o el tren de la noche pasara. Pero aquí parecía que la gente nunca dormía. Los carros pasaban zumbando por la avenida 50 todo el día. Las sirenas de la policía retumbaban entre los edificios. Y luego los helicópteros. A veces, a lo lejos se oían disparos de los pandilleros del barrio. El único sonido que reconocía era el silbido del tren de la medianoche. Me hacía extrañar a mi país y a todo lo que dejé allá.

Al día siguiente, cuando Mago, Carlos y yo nos despedimos en la esquina, de nuevo sentí miedo. Aldama Elementary School, la escuela primaria, estaba calle arriba. Mago y Carlos se iban hacia el otro lado para tomar el camión que los llevaba a Burbank Junior High School, la escuela secundaria.

—¡Vayan conmigo! —les pedí—. No me quiero ir sola.

—Nena, tu escuela está bien cerquita. Carlos y yo vamos tarde y se nos va el camión —me explicó Mago.

—No tengas miedo —me dijo Carlos.

—Todo va a estar bien. Nos vemos al rato en casa —me dijo Mago, diciéndome adios con la mano.

Se alejaron a toda prisa rumbo a la calle Monte Vista. ¡Como quisiera ser más grande para irme con ellos a su escuela!

Caminé hacia la primaria Aldama. Cuando llegué me quedé parada un buen rato mirando a los niños entrar. Algunos venían con sus padres. Todos eran unos extraños para mí. En Iguala, de una manera u otra yo conocía a casi todos los padres y a los niños que iban a mi escuelita.

Mi nueva escuela era tres veces más grande que la de Iguala. ¿Y ahora para dónde le doy? Mago era la que siempre me decía qué hacer, adónde ir y con quién, y ahora estaba tan perdida, sin saber qué hacer. ¡No podía entrar solita a esa escuela tan grande!

Sonó una campana y todos entraron de prisa. Cuando me asomé por la entrada principal, me dio mucho miedo al ver tantas puertas en un pasillo que parecía no tener fin. En mi escuelita de México no había pasillos ni tantas puertas. Me dieron ganas de llorar. *No seas tan cobarde*, me dije. Se me acercó una señora y me preguntó en español: «¿Estás perdida?». Le dije que no sabía a dónde ir y ella me llevó a la dirección.

La recepcionista me preguntó mi nombre y se comunicó con mi salón. Un niño de mi edad apareció y la recepcionista me pidió que lo siguiera.

El niño no me habló mientras íbamos por el largo pasillo. Entramos al salón y la maestra, una mujer alta con el cabello corto y rubio, me miró de arriba abajo. Me preguntó algo en inglés. *¡Eso me pasa por llegar tarde!* Ahora estaba enfrente de toda la clase y todos me miraban, y la maestra me hablaba en un idioma que yo no entendía. Me quedé viendo mis pies, moviendo los dedos dentro de los tenis nuevos que papi me había comprado en la Payless. No me gustaba usarlos. Después de diez años de andar sin zapatos, mis pies se sentían atrapados.

—¿Solo español? —me preguntó la maestra. En sus

ojos vi el color del mar y me acordé de papi agarrándome de la mano en la playa de Santa Mónica. *Por favor no me sueltes, papi.*

—¿Español? —volvió a preguntarme.

—Sí —le respondí. Sentí un alivio muy grande al escuchar un poco de español salir de su boca—. Me llamo Reyna Grande Rodríguez. Discúlpeme, maestra, por llegar tarde. Le prometo que no lo volveré a hacer.

Ella se encogió de hombros y me sonrió.

—No entender mucho —me dijo.

Señaló hacia una mesita al fondo del salón y con un gesto me pidió que fuera para allá. Allí estaban otros cuatro niños immigrantes y un señor joven, que tenía su cabello negro bien parado por tanto espray. En su cuello flaquito la bolita que tenía allí se movía mucho cada vez que tragaba, para arriba y abajo como un yoyo.

—Yo soy el señor López —me dijo en español—. Soy el asistente de la maestra Anderson. ¿Y ustedes como se llaman?

—Me llamo Reyna Grande Rodríguez —dije, y él revisó la lista de asistencia.

—En este país solamente usamos un apellido. Mira, estás apuntada como Reyna Grande —me dijo, mostrándome la lista.

—Pero también soy Rodríguez, es el apellido de mi mamá.

Me pidió que hablara en voz baja, para no interrumpir a la maestra Anderson. Ella estaba hablándoles puro inglés a sus veinte estudiantes. Yo le quería decir al señor López que al venir a este país tuve que dejar a mi madre y ¿cómo iba ahora a borrarla también de mi nombre? *Entonces, ¿ahora quién soy?*

—Lo siento, pero así son las cosas en este país —me dijo el señor López—. De ahora en adelante tú eres Reyna Grande.

Mis compañeros se rieron y uno dijo:

—Pero si está bien chiquita ¿Cómo puede ser reina y grande siendo tan chaparrita?

El señor López les dijo que no se burlaran y les pidió que se presentaran. En esa mesa estaban Gil, María, Cecilia y Blanca. Todos eran de México, menos Gil, que era de un lugar llamado El Salvador, que no sé dónde quedaba, pero él también hablaba español.

Me quedé en esa mesa del rincón durante el resto de la clase. El señor López nos enseñó el alfabeto en inglés. No me pude concentrar. Miraba a la maestra Anderson darles la lección a sus estudiantes y hablaba tan fuerte que no podía oír lo que nos decía el señor López. Lo que me sorprendió fue que casi todos los estudiantes que estaban con la maestra Anderson se parecían a mí. Su piel era morena, el cabello negro y los ojos color café. Sus apellidos eran González y García, Hernández y Martínez, pero ellos sí hablaban inglés y yo no.

No sé qué les enseñaba la maestra Anderson, ¡pero no era el ABC! Escribía cosas en el pizarrón que yo no entendía. Yo solo miraba cómo movía sus labios, con muchas ganas de entender todo. Cómo me hubiera gustado no estar sentada en esta esquina del salón, donde me sentía una extraña. También, cómo me hubiera gustado no tener que aprender el abecedario otra vez, como si estuviera en el kínder.

—Reyna, pon atención —me dijo el señor López—. Repite conmigo: *A-B-C-D-E-F-G* . . .

La clase terminó y yo todavía no sabía todo el alfabeto ni los números en inglés. Regresé a casa con miedo. Pensé en lo bonito que fue el viaje a la playa y papi agarrándome de la mano, bien contentos los dos. Si no me iba bien en la escuela, él no se sentiría orgulloso de mí. Todavía me dolía que él no me había querido traer. Me moría de ganas de que algún día él me dijera: *«Chata, ¡qué orgullo es para mí ser tu papá! ¡Qué bueno que no te dejé en México y te traje conmigo!»*.

Pero él no diría eso si yo no estudiaba.

Como salía de la escuela antes que Carlos y Mago, tenía que quedarme en la casa de la vecina hasta que Mago pasara por mí. La señora Giuliano vivía enfrente. Era una abuelita con pelo como algodón y los ojos del color de mi piedra de cumpleaños, el zafiro. Su sonrisa era dulce y me recordaba a la abuelita Chinta, aunque a ella no le faltaban dientes, como a mi abuela. Casi no hablaba español, pero sí italiano e inglés. Fue la primera persona italiana que conocí.

—*Buongiorno, bambina* —me dijo al abrir la puerta.

Con una sonrisa, me invitó a pasar. La casa olía a pan y ajo—. *¿Hai fame?* —me preguntó, señalando hacia la estufa, donde estaba cocinando una sopa minestrone.

—Sí, tengo hambre —le respondí.

Me senté en un banquito y me dio un tazón de sopa. Luego me preguntó algo en italiano y en inglés, pero yo solo entendí las palabras «*scuola*» y «*school*».

—*No good* —le dije en inglés, moviendo mi cabeza—. No pude aprender inglés.

—*¿No capisci?* —me preguntó—. *Dare il tempo, bambina.*

¿Tiempo? Estaba equivocada, yo nunca dejaría de sentirme una extraña en mi salón de clases.

Cómo deseaba poder decirle a la señora Giuliano que la escuela no era el único lugar al que no lograba acostumbrarme. Era cierto que aquí teníamos nuevas cosas maravillosas, pero perdimos muchas otras que se quedaron en México. Mago, Carlos y yo echábamos de menos poder andar por la colonia muy a gusto. Allá todos nos conocían. La única persona que conocíamos en Highland Park era la señora Giuliano, porque vivía enfrente.

Además, papi no nos dejaba salir por miedo a las pandillas del barrio. Aquí los niños no jugaban en la calle en las tardes. Las mujeres no salían a platicar y bordar. Los hombres no se juntaban para tomar cerveza y jugar dominó. Si no fuera por los carros que cruzaban por la avenida 50, las calles estaban solas. No teníamos con quién jugar más que entre nosotros.

No supe cómo decirle esto a la señora Giuliano, pero ella pareció entenderlo y me apretó la mano.

Después de comer, la señora Giuliano me invitó a su patio trasero, donde tenía un gallinero. Mientras la ayudaba a limpiarlo, el olor a caca y plumas me recordaron a las palomas de la abuelita Chinta. De repente, ¡cómo extrañe Iguala! Me toqué el ombligo y recordé el lazo que me unía a mi madre y a mi país.

¿Sería tan terrible que me regresaran? Este lugar me gustaba mucho, pero extrañaba mi casa. México me llamaba, lo sentía en el arrullo de las palomas que dormían en el techo de nuestro apartamento. Escucharlas al despertar me hacía recordar la casita de la abuelita Chinta. México estaba en una taza de chocolate caliente, en el aroma del cilantro y del epazote que comprábamos en el mercado. México estaba en el silbido del tren a la medianoche, cuando pasaba por la calle Figueroa. México estaba en el olor a tierra mojada que dejaba la lluvia.

Si yo regresara a mi país, podría volver a ver a mi hermanita, a mami y a mi dulce abuelita. También volvería a tener mis dos apellidos y estaría en un salón de clases donde podría entender lo que mi maestro me dijera.

Pero ¿y mi sueño de que algún día mi padre se sintiera orgulloso de mí?

Me quedé parada en medio del patio de la señora Giuliano, sintiéndome destrozada. *¿Dónde encajo?* —me pregunté—. *¿Encajo aquí? ¿Encajo allá? ¿Encajo en alguna parte?*

3

Cuando comenzó octubre, la maestra Anderson nos enseñó a hacer unas manualidades con papel, cartón y tela, como brujitas, gatos negros, fantasmas y calabazas. En México era temporada del Día de Muertos, y estaríamos decorando nuestros altares con flores de cempasúchil y calaveras de azúcar, y preparando la comida favorita de nuestros difuntos. Pero aquí en Estados Unidos no había nada de eso. Hicimos esqueletos de papel, unimos los huesos con grapas y los colgamos en las puertas para anunciar la llegada del Halloween.

Un día antes de Halloween, Mila llegó a casa con un disfraz para mí, que había conseguido en una tienda. Tenía una máscara de plástico, de esas que traen un hilo para amarrar y dos agujeritos por donde poder ver. Era el disfraz de una niña pelirroja con una estrella violeta pintada en la cara. Su vestido tenía mangas con los colores del arcoíris.

—¿Quién es? —le pregunté a mi madrastra.

—Es Rainbow Brite —me contestó.

—¿Quién? —dije.

Mila se encogió de hombros y me entregó el disfraz.

—Pero ¿qué es eso del Halloween? —preguntó Mago.

—Es el día en que los niños se ponen un disfraz para ir de casa en casa pidiendo dulces —dijo Mila.

—¿La gente regala dulces? —preguntó Carlos, levantando la vista de los cochecitos con los que jugaba en el suelo.

¡Increíble!

Ya no me importó quién era Rainbow Brite. Lo único que quería era que me regalaran dulces. Así que me pondría ese disfraz.

Mila solo me compró uno a mí, porque según ella Halloween nada más era para niños chiquitos. Pero cuando Mago y Carlos oyeron que regalaban dulces también quisieron un disfraz.

—Ya no hay dinero —dijo Mila—. Pero mañana Reyna les puede compartir sus dulces.

Mago y Carlos se fueron a la cama muy tristes. Yo colgué mi disfraz de Rainbow Brite en la puerta, para que al día siguiente no se me olvidara.

Por la mañana me despertaron los gritos de papi. Lo vi parado junto a Carlos, que estaba sentado en el suelo, donde había dormido. La sala olía a Old Spice, la colonia favorita de papi, pero también a pipí.

—¡Te dije que dejaras de orinarte en la cama! —le gritó papi.

—Perdóname, papi, no lo volveré a hacer —le dijo Carlos, temblando bajo las cobijas.

A veces, Mago y yo despertábamos a Carlos a media noche para que fuera al baño para que papi no se enojara con él. Pero ayer ninguna de las dos se despertó y ahora el pobre de Carlos tenía a papi encima de él, gritándole muy feo.

Papi fue al baño a llenar la tina de agua. Luego regresó por Carlos.

—Esto te ganas por no obedecerme. A ver si así aprendes.

—¡No, papi! —gritó Mago.

Carlos se quedó callado. Luego de cinco meses de vivir con papi, ya sabíamos que nos castigaba a cinturonazos. Pero esta vez no. Arrastró a Carlos al baño, mientras nosotras corríamos tras ellos. Y como si fuera un muñeco de trapo, aventó a mi hermano en la tina llena de agua fría, con todo y pijama. El agua salpicó por todos lados, en el piso, en las paredes y en el uniforme azul de papi.

—¡Báñate! —le gritó. Agarró las llaves de su carro y se fue.

Mago y yo sacamos a Carlos de la tina. Lloraba y temblaba de frío. Le secamos el cabello y lo ayudamos a quitarse la pijama mojada. Pero no dejó de temblar, ya con ropa seca.

—Ahora sí que se pasó —le dijo Mago.

—¿No fue suficiente lo que me hizo llorar cuando

me dejó por tanto tiempo? ¿Por qué me trata así ahora? —preguntó Carlos, entre sollozos.

Mago y yo dejamos las sábanas remojándose en la tina. Nos sentamos en el sofá, sin saber qué hacer. Que te avienten en una tina llena de agua fría era peor que los cinturonazos, aunque los de papi dolían más que los de la abuela Evila. Y no solo porque él era hombre y pegaba más fuerte, sino porque era nuestro papá, ¡nuestro héroe!, como dijo Mago una vez.

—Apúrate, Carlos, que se nos va el camión —le dijo Mago, mientras se acababa de alistar.

—¡Yo no voy a ir a la escuela! —dijo Carlos, otra vez a punto de llorar.

—Vamos —le insistió Mago—. ¿Quieres que se enoje más?

Se fueron a tomar el camión, y yo me quedé parada con mi disfraz en las manos. Toda la emoción que tenía de celebrar mi primer Halloween desapareció. Puse mi disfraz de Rainbow Brite en el gancho y me fui a la escuela con las manos vacías.

Cuando Mila y papi regresaron a casa, él no dijo nada de lo que pasó en la mañana. Yo quería que se disculpara, pero ya para entonces sabía muy bien que él nunca pedía perdón. Ni siquiera se disculpó por todos los años que nos dejó solos. En silencio, pasó derechito a su cuarto para quitarse su uniforme de trabajo. Era un pantalón azul oscuro y una camisa celeste de manga corta, con su apellido bordado: Grande. Tenía manchas blancas en el pelo y yo me pregunté qué pintó ese día.

Él casi no nos hablaba de su trabajo. Pero a veces yo lo escuchaba platicar con Mila de sus compañeros de trabajo o sobre los viejitos que ella cuidaba. Quería saber más de ellos, sentirme parte de sus pláticas.

—¿Por qué no estás lista todavía? —me preguntó Mila.

Había pasado la tarde sentada en el sillón con Mago y Carlos. Ni ganas tuvimos de ver caricaturas, así que mejor apagamos la televisión.

—El *trick or treating* ya va a empezar —dijo Mila—. Es solo una vez al año.

—No vamos a ir —le dije.

Mila sacudió la cabeza.

—Lo que hizo su papá no estuvo bien, pero traten de entenderlo. Pasó mucho tiempo sin ustedes, y no está acostumbrado a ser papá.

Mila le dio a Carlos una sábana blanca que trajo de su trabajo.

—Ya lavamos las sábanas, Mila, se están secando en el tendedero.

—Yo traje esta para otra cosa —dijo Mila. Agarró unas tijeras y le puso encima la sábana a Carlos.

—¿Qué hace? —preguntó Carlos, mientras ella le hacía dos agujeros a la sábana para que él pudiera ver.

—Te estoy haciendo un disfraz para Halloween —dijo Mila.

—¿Un disfraz? ¿Con una sábana?

Cuando Mila terminó, Carlos se paró frente al ropero para mirarse en el espejo. Él volteó a vernos y nosotras nos empezamos a reír. ¡Nuestro hermano parecía un fantasma! Era asombroso.

—Ahora déjame encontrar algo para ti, Mago —dijo Mila. En la calle, varios niños con sus disfraces ya andaban pidiendo dulces.

Mila regresó con el vestido de novia que usó cuando se casó con su primer esposo, con el que tuvo tres hijos. Pero los dejó para irse con papi. Ahora, solo veía a sus hijos de vez en cuando porque ellos vivían con su abuela.

Mila le entregó a Mago el vestido. La tela ya estaba amarillenta y se le habían caído casi todas las lentejuelas. El hijo mayor de Mila tenía diecisiete años y el vestido era más viejo.

—No me lo puedo poner, Mila —dijo Mago—. Lo voy a echar a perder.

—Ya está echado a perder —le contestó Mila. Pensé que no sólo estaba hablando del vestido.

—¡Ya póntelo, Mago! —le dije—. ¡Se van a acabar los dulces!

Mago fue al baño y regresó convertida en una novia, con la cara toda roja. Después de reírnos mucho, papi nos tomó fotos con su cámara Polaroid para mandarlas a México. Nos preparamos para salir. Mila nos hizo repetir muchas veces en inglés: «*trick or treat, trick or treat*». ¡Qué difícil era decirlo! Se nos trababa la lengua.

—Bueno, ya con eso basta —dijo Mila. Nos dio una bolsa de plástico a cada uno—. Tengan cuidado. No se coman los dulces hasta llegar a casa. Su padre y yo tenemos que revisarlos.

Halloween era una fiesta como las posadas en México, donde también daban dulces a los niños. Pero aquí no solo te daban una bolsita, ¡casi todas las casas regalaban dulces! Nos metimos por calles que ni conocíamos. «¡Tricortri, tricortri!», gritábamos cada vez que tocábamos a las puertas. Eran más de las nueve cuando volvimos a casa. Nuestras bolsas estaban panzonas de dulces. Teníamos que acarrearlas en los brazos para que no se rompieran. Solo en Estados Unidos teníamos tanto.

Papi y Mila nos esperaban sentados en la cocina. Pusimos las bolsas sobre la mesa para que revisaran los dulces, separando los que parecían abiertos. Papi encontró en la bolsa de Carlos uno de tamarindo cubierto con chile en polvo.

—Estos me gustaban mucho cuando yo tenía tu edad —le dijo.

—Aquí hay otro, papi, quédate con él —le ofreció Carlos.

Yo esperaba que papi se disculpara con él por cómo lo maltrató en la mañana, pero no lo hizo, aunque sí le sonrió cuando abrió el dulce que Carlos le regaló.

—Gracias, carnal —le dijo, y le dio una palmadita en la espalda, mientras los dos se comían sus dulces de tamarindo.

4

—Reyna, tu mamá vino por ti —dijo el señor López, entregándome un papel de la oficina. Junté mis cosas y corrí por el pasillo. *¿De verdad mami me estaba esperando? ¿Vino desde México para buscarme? ¿Me extrañaba?*

Cuando entré a la dirección, una mujer se paró.

—¿Lista? —me dijo Mila, y agarró su bolsa. Seguí a mi madrastra hacia fuera, sintiéndome una tonta. Olvidé que iba a pasar por mí para llevarme al dentista.

En estos meses mi muela me dolía más y más. Ya no podía aguantar el dolor, así que papi tuvo que hacer algo. El problema era que no teníamos seguro médico y papi no tenía dinero para pagar el dentista. Pero a Mila se le ocurrió usar el seguro de su hija.

Mila y yo íbamos en el carro en silencio. Ojalá fuera papi el que iba conmigo. Como no quería meterse en problemas en su trabajo, no se atrevió a pedir el día. Además, como no hablaba mucho inglés, no se sentía muy bien en esos lugares. Él se las sabía de todas en su trabajo de mantenimiento, y era bueno para usar un taladro, una brocha para pintar o un serrucho. Para eso no necesitaba saber inglés. Fuera de eso, era Mila quien se encargaba de todo lo demás.

Cerca del consultorio ella me recordó lo que tenía que decir.

—Contesta cuando te digan Cindy —me dijo—. Acuérdate también que tienes nueve años, no diez.

Asentí y recordé que su hija Cindy era diez meses menor que yo. También era más bonita, con su cabello largo, negro y brilloso, sus ojos tan lindos con esas pestañotas. Las pocas veces que había venido a la casa no se separaba de Mila. No hablaba ni jugaba con nosotros. Tampoco le hablaba a papi, y cuando él la saludaba se hacía como que no lo escuchaba.

Cindy culpaba a mi papi por la separación de sus papás. Yo sabía que a ella no le caíamos bien Mago, Carlos y yo. Le daba miedo que nosotros les fuéramos a quitar el lugar a ella y a sus hermanos en el corazón de Mila. Me daba vergüenza aceptar que ella tenía razón.

A veces yo me imaginaba que Mila era mi mamá de verdad. Pero eso me hacía sentir que estaba traicionando a mami, así que intentaba no pensarlo. Yo sabía que Mila no nos quería y que nunca nos iba a querer como quería a sus hijos. Cindy no tenía por qué preocuparse de nada.

Nunca había ido a un dentista. La abuelita Chinta me curaba con remedios caseros, por eso ahora me sentía asustada. ¿Qué me iba hacer el dentista? Fuera lo que fuera, de seguro me iba a doler. En la recepción, Mila y yo nos sentamos a esperar mi turno. Mila estaba inquieta en su asiento. La puerta estaba decorada con dibujos de un pavo, una calabaza y un sombrero de peregrino. Así también estaba decorado mi salón. La asistente del dentista dijo un nombre. Como yo no contesté, Mila me empujó suavecito para que me parara. Entré al consultorio y el dentista me pidió que me sentara en una silla de cuero muy grande. Me asusté cuando la silla se hizo para atrás. El dentista se rio y me dijo algo en inglés, señálandola. Lo único que entendí fue la palabra «Cindy».

Me senté y me pregunté qué pensaría Mila al oír que el dentista me llamaba por el nombre de su hija. Las pocas veces que Cindy nos había visitado se había visto incómoda. Solo venía cuando Mila casi la obligaba. El hijo mayor de Mila tampoco nos visitaba mucho. El otro hijo nunca nos había visitado. Estaban enojados con ella porque había cambiado a su papá por el mío. Yo no los culpaba. Pero ahora que Mila me miraba, como que le daba vergüenza cada vez que el dentista me llamaba Cindy. Su cara era de enojo, como si me odiara por hacerme pasar por su hija.

Mila me dijo que mi muela tenía caries y que me la iban a sacar para que me creciera una nueva. Me pusieron una inyección para dormirme la boca. El resto del tiempo tuvo que traducirme lo que el dentista decía.

—Abre tu boca, Cindy . . . Muy bien, Cindy . . . Ya casi terminamos, Cindy.

Cuando Mila traducía no me miraba, solo veía la pared.

Mientras el dentista me revisaba, me imaginé que yo era la verdadera Cindy, la hija de Mila. ¿Habría pedido el día libre para traerme? ¿Habría estado preocupada esperándome? ¿Me dejaría entrar a su cuarto sin tocar, como lo hacía la verdadera Cindy cuando nos visitaba, para acostarme en su cama y ver la tele? ¿Me haría trenzas en las mañanas? ¿Me dejaría ayudarla a cocinar?

—Ya casi terminamos, Cindy —me dijo el dentista, y me gustó cómo sonaba ese nombre. Me hubiera gustado quedarme ahí en el consultorio, porque al salir volvería a ser Reyna, la hijastra que nadie quería.

—Su hija se portó muy bien —le dijo la recepcionista a Mila al salir. Mila me tomó de los hombros porque me estaba sintiendo mareada, tenía la boca adormecida y sentía que mis labios eran tres veces más grandes de lo normal. Palpitaban como si me hubiera picado un alacrán.

—Muchas gracias —le dijo Mila, y yo le dije adiós con la mano y con una sonrisa medio tonta.

Camino a casa, Mila iba muy seria. ¿Pensaba en su hija?

—¿Todavía te duele? —me preguntó, mientras íbamos a casa.

—No, mamá Mila —le dije, medio atontada por la inyección.

Ella respiró hondo y me miró.

—Llámame Mila. Yo no soy tu mamá, no me llames así. Solo Mila.

Con lágrimas en los ojos, le dije:

—Discúlpame, Mila, no lo volveré a hacer. —Apenas llegamos me bajé del carro y me metí a la casa.

—¡Eso te pasa por traidora! —me dijo Mago, cuando le conté lo que había hecho—. Ella tiene razón. No es nuestra mamá. Además, por su culpa se separaron nuestros padres ¿y ahora tú la quieres llamar mamá?

Agaché la cabeza, llena de vergüenza.

Cuando papi llegó a casa, me preguntó por mi muela y yo le enseñé el hoyo que me hicieron.

—Qué bueno que todo salió bien —dijo papi. Luego entró a la cocina y se sentó junto a la mesa para acompañar a Mila, que estaba haciendo la cena.

—Nunca más me hagas pasar por eso, ¿me oyes? —le dijo Mila a papi. Él destapó una cerveza y no le dijo nada.

5

En México casi no veíamos tele, pero aquí sí, ¡y mucha! No entendíamos mucho inglés, pero nos encantaba ver *He-Man, ThunderCats, Transformers, Beverly Hills Teens* y *Jem*. Además, también teníamos un Atari. Uno de los inquilinos de papi nos los regaló, porque le había comprado a su hijo un Nintendo nuevo. Lo tuvimos sólo una semana, hasta que Mila se lo dio a sus hijos, sin avisarnos. Extrañé mucho el juego Frogger.

Un día, estábamos viendo *ThunderCats*, ¡cuando de repente vimos a Santa Claus en la tele! Ya pronto sería Navidad y estábamos preocupados porque no teníamos dinero para comprarle un regalo a papi. A veces él nos daba un dólar y corríamos a la tienda a comprar unos dulces Now & Later. Otras veces, cuando papi estaba de buenas, nos daba un dólar a cada uno y lo juntábamos para comprarnos un sándwich de jamón y queso en Fidel´s Pizza.

En la tele Santa dijo algo, pero no entendí nada. Un número de teléfono brilló en la pantalla.

Mago corrió al teléfono.

—¿Qué haces? —le preguntó Carlos.

—Lo voy a llamar a Santa.

—Pero si Santa no existe —dijo Carlos.

—¿Cómo que no? —le pregunté—. ¿Qué no lo acabas de ver en la tele?

Mago le pegó en el hombro a Carlos.

—Estamos en Estados Unidos, tonto. Aquí todo existe.

Mago marcó el número y llamó a Santa, haciendo gestos.

—¿Qué pasa? —le preguntó Carlos.

—Está hablando en inglés —dijo Mago.

—¿Santa no habla español? —pregunté.

—Shhh —dijo Mago, mientras escuchaba con mucha atención y levantaba las cejas tratando de entender. De pronto, sonrió.

—¿De veras es Santa? —pregunté.

—Yo creo que sí —me respondió Mago, tapando la bocina—. Está hablando muy rápido y lo único que entiendo es el «Jo, jo, jo». Yo creo que sí es él.

Me dijo que me callara y volvió a hablar con Santa.

—¿Hola? ¿Santa? Ay guant Barbie. Ay guant baik. Plis. Mi gud gerl. Tank yu. —Luego le pasó el teléfono a Carlos.

—¿Aló? ¿Aló? —le dijo Carlos, sonriendo con sus dientes chuecos—. A Nintendo. A Nintendo tu mi, plis.

—¡Me toca, me toca! —dije, saltando de alegría—. Esperen, no sé cómo decir patines en inglés. ¿Ustedes saben?

Carlos me pasó el teléfono.

—Rápido porque va a colgar.

—No sé, nena —me respondió Mago.

Frustrada, acerqué el teléfono a mi oído.

—¿Aló? ¿Santa Claus? Yo quiero patines. Tráeme unos patines para la Navidad. Tank yu.

Mago me quitó el teléfono y colgó.

—¿Creen que entendió lo que le dije? —les pregunté.

—Es Santa Claus, ¡claro que sí! —me dijo Mago—. No te preocupes, nena.

Seguimos viendo la tele, pero ya sin interés en los *ThunderCats*. Me quedé pensando en mis patines. En Iguala yo no conocía a nadie que tuviera patines. No se puede patinar en sus caminos llenos de piedras. ¡Pero aquí era el lugar perfecto para tener unos patines! Y si lo había echado todo a perder? ¡De seguro que Santa no entendió una sola palabra de lo que le dije!

—No puedo creer que le pediste una Barbie —se burló Carlos.

Mago se puso bien roja y le pegó en el brazo, pero no le dijo nada. Yo sí sabía por qué lo hizo. Cuando papi me compró una Barbie a mí, ella también le pidió una, pero papi le dijo que ya estaba muy grande para muñecas. El no entendía lo triste que era no tener una Barbie y Mago se la había pasado toda su vida soñando con una.

—¿Y cómo vamos a conseguir el regalo? —preguntó Carlos. Al otro día sería Navidad y aún no teníamos nada. El árbol de Navidad que Mila compró en Pic'n'Save no era de verdad, pero sí el más hermoso que habíamos tenido. Nada que ver con la rama que pintó el tío Crece en México. Aunque lo decoramos bien bonito, para nada se comparaba con este bello árbol de casi dos metros de altura, cubierto con lucecitas de colores y guirnaldas plateadas.

Mila nos mandó a comprar una botella de aceite para cocinar. Casi al llegar a la tienda, Mago se detuvo y nos dijo:

—Vamos a hacer algo que nunca hemos hecho. Pero no nos queda de otra.

—¿Qué? —le preguntamos Carlos y yo.

Mago compartió su plan. En México agarramos fruta de los huertos, pero nunca algo de una tienda. Barney's tenía espejos en sus paredes, y los dueños nunca les quitaban la vista a los clientes. Eso lo sabíamos muy bien.

—¿Y si nos descubren? —pregunté, pensando en lo mal que nos iría.

—No nos van a descubrir —dijo Mago, jalándonos hacia la tienda. En cuanto entramos nos separamos. Mago se puso a distraer a la dueña, mientras Carlos y yo buscábamos en los estantes un buen regalo. Pero ¡no sabíamos qué agarrar! ¿Por qué no nos pusimos de acuerdo antes de entrar? La tienda no tenía buenas cosas. Mientras caminábamos por los pasillos, casi me desmayo por el miedo a que nos cacharan. La dueña nos vigilaba como águila. Nos podía ver muy bien en los espejos. Por suerte, su esposo no estaba y ella no podía vigilarnos a los tres al mismo tiempo, ¿o sí? ¿Se daba cuenta de que algo tramábamos?

No me gustaba nada para papi. Había comida enlatada, pañales, toallas sanitarias, papel de baño, jabón, refrescos, papitas. *¿Qué agarro, qué agarro?* Miré a Carlos. Él estaba cerca de la entrada, mirando las botellas de tequila que estaban atrás del mostrador. *¿Qué carambas está haciendo? Le quedan lejos esas botellas. Además, no queremos que papi se ponga más borracho.*

Mago agarró una botella de aceite Mazola y la llevó al mostrador. Allí se tropezó con el estante de periódicos y la dueña le gritó que lo levantara. Aproveché para agarrar lo primero que vi y me salí de la tienda. Luego me siguió Carlos y después Mago. Nos echamos a correr por la avenida 50 lo más rápido que pudimos, con nuestros corazones a punto de estallar. Si nos descubrían, ¡papi nos mandaría derechito a México con la abuela Evila!

—A ver, ¿qué agarraron? —nos preguntó Mago antes de llegar a casa.

Carlos sacó de su camisa un bote de espray para cabello Aqua Net.

—No había mucho de donde escoger —nos dijo y Mago comenzó a reírse.

—¿Y tú? —me preguntó.

Le enseñé una botella de brillantina Tres Flores.

—¿Cuándo han visto que papi se ponga brillantina? —me preguntó.

—Nunca —respondí—. Pero el tío Crece sí y también el esposo de la tía Güera.

Mago se quejó.

—¡Es lo único que encontré para hombres! —le dije, enojada.

—No lo puedo creer, chamacos —nos dijo Mago al dar la vuelta por la esquina—. ¡Tanto riesgo para esos regalos tan feos!

Al otro día le dimos la botella de brillantina a papi y el espray para el pelo se lo dimos a Mila, porque sabíamos que ella de seguro sí lo usaría. ¡Ellos nos regalaron algo mucho mejor!, aunque no lo que le pedimos a Santa. A mi me tocaron unos tenis Pro Wings. A Mago un hermoso vestido color durazno y a Carlos una troca amarilla Tonka de juguete.

Santa nunca llegó. Me la pasé despierta toda la noche, mirando la chimenea desde nuestro sofá-cama. Tal vez se le hizo tarde. ¿Tuvo mucho trabajo? Pero ¿qué tal si se enteró de nuestro robo? ¿Qué tal si no quiso traernos nada porque nos portamos mal?

Dos semanas más tarde papi nos llamó a la cocina, donde él y Mila revisaban el correo.

—¿Qué es esto? —nos dijo, con la cuenta del teléfono en su mano. ¿A quién diablos le hablaron? ¿Por qué nos cobran tanto del teléfono?

Mago, Carlos y yo nos miramos. Nunca usábamos el teléfono. No conocíamos a nadie en Estados Unidos ¿a quién íbamos a llamar?

—A nadie, papi —dijo Mago.

—¿Están seguros? —dijo Mila.

—Bueno . . . hace unas semanas llamamos a Santa —confesó Mago.

—¿Que qué? —dijo Mila, quitándole a papi la cuenta para ver el número.

—Lo vimos en la tele y nos pidió que lo llamáramos —explicó Carlos.

—Le pedimos que nos trajera cosas, pero ¡no nos trajo nada! —dije yo.

—¡No lo puedo creer, chamacos! —gritó papi y se levantó.

Nos hicimos hacía atrás.

—No sabíamos que nos iban a cobrar —dijo Mago—. Lo siento mucho, papi.

—Además ni nos trajo nada —volví a decir.

—Yo todavía no termino de pagar lo que mis amigos me prestaron para el coyote —dijo papi, con una mano en la hebilla de su cinturón—. Si no fuera así, esta misma noche los pondría de nuevo en el autobús y los mandaría de regreso a México.

Se quitó el cinturón y nos dio unos azotes, y luego agarró sus llaves y salió furioso de la casa.

—Nunca lo vuelvan a hacer —dijo Mila, haciendo un cheque y metiéndolo en un sobre para mandarlo—. Esos son actores que tratan de sacarle dinero a la gente.

—Lo sentimos mucho, Mila —le dijimos. Nos secamos

las lágrimas y nos sobamos las heridas que papi nos hizo con su cinturón.

Papi regresó media hora después y fue directo al teléfono. Estuvo maniobrando en él durante unos minutos. No teníamos idea de lo que estaba haciendo.

—Listo, ya no podrán hacer llamadas.

Nos acercamos al teléfono y vimos que tenía un candado.

—¿Y si algo malo pasa? —preguntó Mago—. ¿Cómo te vamos a llamar?

Pero papi no le hizo caso.

6

Después de las vacaciones, a las niñas de quinto y sexto grado nos llevaron al auditorio para hablar de la menstruación. Mis compañeras se la pasaron riendo, pero yo no. No entendía mucho lo que decían, pero con las imágenes en la pantalla me daba una idea de lo que se hablaba. Además, yo ya sabía de eso porque en Iguala Mago me había contado lo que era.

Mago todavía no se hacía señorita. Mila decía que era porque en México no había comido bien y por eso su cuerpo no había crecido como debía. Ahora, con los ocho meses que llevábamos en Estados Unidos y con la comida que teníamos, Mago esperaba que le bajara pronto. Aunque yo solo tenía diez años y medio, ya quería hacerme señorita.

Después de la plática me dieron un folleto con la foto de una niña. También me dieron una toalla sanitaria en una bolsita de celofán. ¡Era mi primera toalla sanitaria! Se la enseñé a Mago tan pronto llegó de la escuela.

—¡Mira, mira! Muy pronto seré una señorita —le dije, mientras guardaba la toalla en un cajón.

Todos los días, después de que Mago pasaba por mí a la casa de la señora Giuliano, yo corría a mi cajón y buscaba mi toallita para mirarla. También intenté leer el folleto, pero mi inglés todavía no era bueno. Tenía que buscar muchas palabras en el diccionario. La que más me gustó fue «*rite of passage*», rito de iniciación, que sonaba como algo importante.

Había oraciones que me confundían, como «*Changes take place in a girl pretty fast*». No entendía por qué la palabra *pretty* iba después de *girl*. El señor López nos había enseñado que la palabra que dice cómo es algo, va adelante, y por eso debía decir «*pretty girl*». Bonita niña. Pero si era así, entonces ¿solo las niñas bonitas tenían su periodo y las feas no? Me miré al espejo para ver en qué grupo me encontraba. No era bonita, como Mago y Betty. Cindy era más bonita que todas nosotras.

—¿Soy fea? —le pregunté a Mago.

—¡Claro que no! —me contestó, pero como era mi hermana, ¿qué otra cosa iba a decir?

A la otra semana, Carlos fue por mí a la casa de la señora Giuliano en vez de Mago. Ella no se sentía bien y no había ido a la escuela. Se había bajado del camión en la parada de Burbank, pero se regresó a casa.

Cuando llegué a casa, hice lo de siempre. Abrí el cajón

de mi cómoda para buscar mi toallita sanitaria, pero no estaba. Saqué el cajón y busqué detrás de la cómoda, para ver si se había caído, pero no la encontré. Mago salió del baño con la cara pálida.

—¿Qué tienes? —le pregunté.

Ella se acostó en el sofá, agarrándose la panza.

—Tengo fiebre y cólicos muy fuertes.

Sentí lástima por ella, pero yo quería saber dónde estaba mi toallita sanitaria y le pregunté.

—Perdóname, nena, pero la tuve que usar —me dijo.

—Pero ¿por qué? ¡Era mía! —le grité, y me fui al patio a llorar.

Cuando papi regresó a casa ya sabía que Mago faltó a clases porque de la escuela le avisaron. Nunca lo había visto tan enojado. Entró a casa y sin preguntarle a Mago nada se quitó el cinturón y le dio a mi hermana la peor paliza que jamás le había dado, justo en el sillón donde ella se estuvo retorciendo de dolor todo el día.

—¡Ya basta, papi! —le dijo Carlos, pero papi no lo escuchaba y le siguió pegando, una y otra vez.

Lo peor de todo es que Mago no decía nada. Solo se cubría la cara con los brazos. Yo ya no pude más. Se me olvidó que estaba enojada con mi hermana y empujé a papi con todas mis fuerzas.

—¡Ya no le pegues! Está sangrando. Ya es señorita. ¡Basta, basta!

Papi dejó de pegarle y bajó el cinturón. Se nos quedó

mirando a los tres y por un segundo pareció que volvía a ser él, como si el que le pegó a mi hermana hace un ratito no fuera el mismo que estaba allí con nosotros. Sus ojos parpadearon una y otra vez antes de encerrarse en su cuarto.

Mila llegó media hora después. Cuando le contamos lo que papi había hecho, ella lo defendió.

—No lo quiso hacer. Lo que pasa es que no sabe cómo ser, así le enseñaron —dijo, y salió de nuevo a la calle, para ir a comprarle toallas a Mago.

Le apreté la mano a mi hermana y revisé sus heridas.

—¿Por qué no le dijiste nada?

—Me dio vergüenza, nena. Una no le anda diciendo a los hombres que tiene el periodo, y menos a un papá que no has visto en casi ocho años.

—Pero no te hubiera pegado —le dije.

—Eso ya no importa —me contestó, mirando por la ventana.

—Claro que sí importa —le dijo Carlos—. No puedo creer que te pegó así de feo, si tú eres su consentida.

Mago comenzó a llorar cuando escuchó eso. Yo le di un golpe a Carlos en su brazo, aunque pensaba igual. Claro que Mago era la «negra» consentida de papi.

Cuando Mila regresó con las toallas sanitarias, Mago sacó una del paquete y me la dio.

—Ten, nena. Sé que no es la tuya. Discúlpame.

—No te preocupes, es solo una toalla —le contesté—.

Además, esta también puede ser especial para mí.

La guardé en mi cajón para tenerla lista cuando me tocara ser una señorita. Luego me quedé viendo el cuarto de papi, y deseé que mi «rito de iniciación» no doliera como el de mi hermana.

7

Un día, la maestra Anderson nos dijo que la enfermera de la escuela iba a venir a revisar si los estudiantes estábamos limpios. A mí eso me sorprendió mucho, porque todos parecían limpios, sanos y tenían buena ropa y zapatos casi nuevos. Nadie estaba descalzo, nadie parecía que no se hubiera bañado en días. Nadie tenía la panza llena de lombrices. *¿Por qué nos tenían que revisar?*

Cuando llegó la enfermera hicimos una sola fila. Yo agaché la cabeza mientras me revisaba. Ella separó mis cabellos con un palito de madera. Cuando terminó, escribió algo en un papel y me dijo:

—No puedes regresar a la escuela, hasta que te quiten esos piojos.

—¿Piojos? ¿Cuáles piojos? Se equivoca, yo no tengo piojos —le dije, y negué con la cabeza.

Mientras brotaban mis lágrimas, quería decirle a la enfermera que aquí en Estados Unidos mis problemas de higiene ya no existían. Le quería decir que allá en México, mi cabeza estaba llena de piojos, y mi panza de lombrices.

Tres veces a la semana, la abuelita Chinta nos mandaba a bañar al canal en sus aguas sucias, y yo casi siempre iba descalza.

Pero aquí en El Otro Lado yo tenía tenis, me bañaba casi todos los días y el agua que salía de la regadera era tan limpia que yo sacaba la lengua para probar las gotitas que sabían a lluvia. Ya no teníamos que lavar la ropa en el agua sucia del canal ni lastimarnos las manos restregando los vestidos en los lavaderos de piedra. Tampoco teníamos que secar la ropa bajo el sol, que la dejaba dura y tiesa como cartón.

Aquí en Estados Unidos íbamos a la Laundroma, cerca de la casa, donde solo teníamos que meter la ropa en la lavadora y sentarnos a esperar, mientras escuchábamos el traqueteo y las vibraciones de la máquina. Luego la metíamos en la secadora y yo la miraba girar y girar en un espiral de colores. Cuando sonaba su timbre, abría la puerta y la ropa caía en mis brazos, ¡suave, tibia y oliendo bien rico a flores, cielo y sol! Le quería decir a la enfermera, que era tan increíble que la ropa oliera así sin que la tocara ni un solo rayito de sol.

Nunca en mi vida había estado tan limpia, y ahora ella venía a decirme que tenía piojos.

¿Cómo es que hay piojos en Estados Unidos? ¿Acaso cruzaron la frontera igual que yo, sin permiso?

Regresé a casa con la nota de la enfermera preguntándome qué hacer. ¿Qué me iba a decir papi cuando supiera que no podía regresar a la escuela hasta que no tuviera piojos? ¿Y si me mandaba a México porque seguía siendo la misma niña mugrosa que abandonó?

Me pasé la tarde llorando, imaginando que papi me subía a un camión, mientras Mago y Carlos me decían adiós. No creía que pudiera sobrevivir sin ellos. ¿Cómo iba a ser que papi se sintiera orgulloso de mí, si ahora yo llegaba a casa con estas noticias?

Cuando papi llegó, me acerqué con miedo y le entregué la nota. Suspiré, esperando sus golpes. Que me pegara todo lo que quisiera, pero que no me mandara de regreso a México.

—Perdóname, papi, no sé cómo me llené de piojos.

—De seguro los otros niños te los pegaron —me dijo, mientras colgaba sus llaves—. No es tu culpa.

—¿Entonces no me vas a castigar?

—Solo ten cuidado de con quién te juntas, Chata. Uno de tus amigos te los pasó —me dijo.

¡Papi no estaba enojado conmigo! Se pasó toda la tarde despiojándome, sacando con mucho cuidado las liendres para no jalarme el cabello. Mi padre, el que nos lastimaba con su cinturón o con sus palabras, el que no era para nada cariñoso, el de las manos rasposas y con callos por tanto trabajo, fue muy cuidadoso al quitarme los piojos. En México cómo me dolía cada vez que me despiojaban. Aquí con papi no. Por primera vez, papi estuvo conmigo dos horas completas, solo conmigo.

—A lo mejor tú no te acuerdas de esto —me dijo papi, mientras separaba mis cabellos con sus dedos—. Cuando eras chiquita te gustaba mucho que yo te bañara. No dejabas que nadie lo hiciera más que yo. Cuando llegaba a casa del trabajo, tú ya me esperabas en la puerta y corrías a mí, pidiéndome que te bañara. A veces ni tiempo me daba de almorzar, pero no importaba.

Cerré los ojos al escucharlo contar esa historia, sobre un momento de mi vida que no recordaba, pero que desde entonces sería muy especial para mí.

8

Mucho antes de que se hiciera señorita, Mago ya había cambiado mucho. En estos meses yo la vi haciéndoles ojitos a los muchachos, cuando acompañaba a Mila al mercado, a la lavandería o a otros lugares. Pero papi fue muy claro con eso. No se permitían novios. El mes pasado, Mago le pidió una cajita de maquillaje, pero también eso papi lo dejó bien claro: solo se podía pintar los labios. Él pensaba que Mago ya era muy grande para Barbies, pero muy joven para usar maquillaje. A ella le parecía muy tonto y se enojaba.

—Estamos en Estados Unidos, no México —le decía.

El día de San Valentín regresé a la escuela ya sin piojos y justo a tiempo para celebrar con mis compañeros. Me dieron muchos dulces, pero Mago y Carlos no recibieron nada, porque los estudiantes de secundaria casi no lo celebraban.

—Nosotros ya no estamos para esas tonterías —me dijo Mago, al mismo tiempo que se comía uno de mis corazones de chocolate. Le dije que ni modo y me alejé con mis golosinas.

Esa noche, ya acostadas en el sofá-cama, Mago dijo:

—Ya voy a cumplir los quince y todavía no me han besado.

—No es para tanto.

—¿Y tú cómo sabes, si apenas tienes once años? Yo quiero gustarle a alguien. Quiero tener novio.

—No tienes permiso.

—¿Y si nadie me quiere? ¿Si mis cicatrices les dan asco?

—Apenas si se ven.

—Eso es lo que tú crees.

—Ojalá papi te haga tu quinceañera —le dije—. ¡Te vas a ver como una princesa con tu vestido rosita!

Mago ya no dijo nada. Pensé que se había quedado dormida, pero luego dijo:

—Hay un chico . . .

Yo me la quedé viendo.

—¿No me digas que tienes novio? —le pregunté, casi gritando de la emoción. Mago me dio un codazo para que me callara. Carlos no se despertó, aunque estaba durmiendo en el suelo, cerca de nuestra cama. Ojalá papi no hubiera escuchado tampoco.

—No, él ni siquiera sabe que existo —dijo. Me contó que el chico se llamaba Pepe, y que ella estaba perdidamente enamorada de él. Pero él ni sabía que Mago existía porque, a diferencia de Mago, que apenas estaba aprendiendo inglés, él era un «pocho». O sea era Mexicano pero de aquí, y no hablaba ni una palabra de español. Era uno de los muchachos más populares en la escuela.

—¿Ya trataste de hablarle? —le pregunté.

—¡Si no soy tonta! Ya te dije que él no habla español, ¿no me oíste?

—Pues entonces háblale en inglés.

—Mi inglés no es bueno. Nunca lo será —me respondió.

El lunes, en la escuela me la pasé pensando si Mago había tenido suerte con Pepe. Cuando pasó por mí a la casa de la señora Giulano, le pedí que me lo contara ¡todo, todo, todo!

—Al salir de la escuela, cuando Carlos y yo caminábamos a la parada del camión, Pepe y sus amigos pasaron frente a nosotros. Pepe me miró. Caminó más lento hasta que estuve cerca y me preguntó cómo me llamaba.

—¿Y qué más, qué más? —le pregunté, apretándole el brazo. Cerré los ojos y la escuché contar su historia, que parecía mejor que cualquier telenovela.

—Todo lo que le pude decir fue: Maggie.

¿Maggie? Me tardé unos segundos en recordar que ella se llamaba de otra manera en la escuela porque a los maestros les costaba pronunciar su nombre verdadero, Magloria, y su maestro de historia comenzó a llamarla Maggie. Por eso ahora, en todas partes la conocían como

Maggie, menos en casa. Para mí seguía siendo mi Mago.

Me siguió contando:

—Después de que le dije mi nombre me hizo más preguntas, pero pronto se dio cuenta de que yo no hablaba bien el inglés. Se fue detrás de sus amigos y ya no me volteó a ver.

—¡Lo siento, Mago! —le dije.

—Yo podía entender sus preguntas —me contó, casi a punto de llorar— pero no se las podía responder, y además estaba bien nerviosa.

—No te preocupes, seguro que te va a volver a hablar, vas a ver que sí.

Pero pocos días después, Mago me contó que cuando ella y Carlos caminaban a casa, por las vías del tren, se encontraron otra vez a Pepe y a sus amigos. Para sorpresa de Mago, los muchachos les aventaron grava desde el otro lado de las vías, gritándoles: «*¡Wetbacks! ¡Wetbacks!*».

Sollozando, Mago me dijo que se le partió el corazón cuando vio a Pepe riéndose y llamándola «mojada».

—Tenía tantas ganas de decirle todas las groserías que me sé, pero como no me las sé en inglés, ¿para qué maldecirlo en español? No me hubiera entendido y hasta se hubiera burlado más de mí.

Mago no era la única que estaba enamorada. Unos días después, cuando ella y Carlos regresaban de la escuela, me enteré de que a él le gustaba una niña de su salón. Estaba bien enojado con Mago por algo que pasó en el camión, y se estaban peleando.

—Fuiste bien grosera con ella —le dijo Carlos a Mago.

—¿Qué se traen? —les pregunté.

Carlos me contestó:

—Hay una niña que se llama María y me gusta mucho. Como se apellida González, me toca sentarme atrás de ella en las tres clases que compartimos.

—Pero ella ni siquiera sabe que él existe —dijo Mago.

Carlos se puso bien rojo. Él no tenía mucha suerte con las muchachas por sus dientes chuecos, y eso era muy triste porque mi hermano no era feo.

—Si lo hubieras visto hoy en el camión —dijo Mago, acostándose en el sillón—. Miraba a María desde el otro lado del pasillo, babeando como vaca. Daba lástima. Hasta que ella se le acercó, bien enojada, y le dijo: «¿Qué tanto me ves?».

—Pero no tenías por qué haber sido tan mala con ella —le volvió a decir Carlos.

—¿Qué le dijiste? —le pregunté a Mago, y me senté a su lado.

—¿Qué más le iba a decir?: «Agradece que mi hermano te mire, porque eres requete fea».

—¡Pero no lo es! —dijo Carlos.

—Te estaba defendiendo, tonto —le dijo Mago. De pronto, sonó el timbre de la puerta y los tres saltamos del sofá.

Carlos abrió la puerta y luego nos volteó a ver, bien asustado.

—Dile a tu hermana que salga —dijo en español una muchacha, detrás del mosquitero.

—Es ella —dijo Carlos—. ¿Cómo supo que aquí vivimos?

—¿Y yo que sé? —dijo Mago, yendo a la puerta.

—¿Qué quieres, chamaca? ¿Quieres que mi hermano te siga echando ojitos?

—Te vengo a partir la madre —le dijo, desafiante.

—Órale pues, pero espérame tantito.

Mago fue a la cómoda y sacó unos pantalones deportivos y una sudadera. Luego fue al baño a cambiarse sus pantalones y su blusa.

—Mago, no salgas —le pidió Carlos—. No necesito que me defiendas. Ya no soy un niño.

—Esto ya no tiene nada que ver contigo —le respondió, agachándose para ponerse los tenis.

Me acerqué a la puerta para ver a la muchacha que tenía a mi hermano babeando como vaca. Venía con tres amigas. María era muy bonita. Tenía la piel clarita, con unas cuantas pecas en sus mejillas. Llevaba puestos unos pantalones blancos y una blusa negra de Hello Kitty. Ya hacía más de un año que Mila nos llevó a Kmart a comprarnos ropa. Desde entonces, nos traía bolsas de ropa que le daban las viejitas del lugar donde trabajaba. Mago decía que esa ropa era de gente muerta. Yo no sabía si eso era verdad. Lo que sí sabía era que en esas bolsas que

Mila nos traía nunca iba a encontrar una blusa de Hello Kitty.

Me daban ganas de odiar a esa chica, aunque no era justo odiarla solo porque quería su blusa.

Quise decirle que se fuera a su casa, pero de pronto apareció Mago y me empujó a un lado y se dirigió al estacionamiento, que en ese momento estaba vacío.

—Mira, María, discúlpame. Mi hermana y tú no tienen por qué pelearse. Ya no te vuelvo a mirar —le dijo Carlos.

María lo empujó y le dijo que era un cobarde. Ella y sus amigas siguieron a Mago al estacionamiento.

María no sabía que Carlos no estaba tratando de proteger a Mago. No sabía que una semana antes le habían roto el corazón a Mago, y desde entonces se moría por golpear algo o a alguien. María tampoco sabía que un día antes Mago me había pegado porque no le pedí permiso y tomé su liga para hacerme una colita. También le dio un puñetazo a Carlos porque derramó agua en su tarea de Matemáticas. Pero María pronto se enteró.

Cuando llegaron al estacionamiento comenzó la pelea. Mago agarró a María de las greñas y se le fue encima con los puños. Esta vez, Mago no paró. María sí hablaba muy bien español, así que Mago le dijo todas las grocerias que sabía ¡más rápido que una metralleta! Tumbó a la pobre de María al suelo y sus pantalones blancos se ensuciaron. Pero lo peor fue cuando Mago arrastró a María hasta donde papi estacionaba su camioneta vieja, la que usaba para ir al trabajo. Mago hizo rodar a María sobre el charco de aceite de la camioneta, ¡y los pantalones blancos de María se pusieron negros! Sus amigas corrieron para separarlas.

—¡Basta, basta! —gritaron las muchachas, mientras hacían una barrera para proteger a María.

Mago se limpió el sudor que tenía en la frente y volteó a ver a la niña en el charco de aceite.

—Cuando mi hermano vuelva a mirarte, ¡más vale que te guste, pendeja!

Mago regresó al apartamento, y Carlos y yo fuimos detrás de ella. Él volteó a ver una vez más a la muchacha que le gustaba. Ella ya se había parado y estaba tratando de arreglarse el pelo alborotado.

—Tú no eres fea, María. El feo soy yo —dijo Carlos, y con la cabeza agachada entró.

Yo me quedé en el estacionamiento llena de miedo. *¿Qué me va a pasar a mí cuando me enamore? ¿Tendré la misma mala suerte que mi hermana y mi hermano?* Regresé al apartamento agradecida de que al otro día febrero llegaría a su fin.

9

Un día, la maestra Anderson dijo en la clase que tenía algo importante que decirnos. La escuela iba a tener un concurso de escritura. Todos teníamos que escribir un cuento y los maestros escogerían a los tres mejores. ¡Esa era mi oportunidad para que papi se sintiera orgulloso de mí!

El resto de la semana trabajamos en nuestros cuentos. El señor López nos dejó a mí y a los otros estudiantes inmigrantes escribir nuestros cuentos en español porque no sabíamos suficiente inglés. A mí no se me ocurría nada. Nunca había escrito un cuento. En México me gustaba mucho leer, pero en este país no podía leer los libros para niños de mi edad porque estaban en inglés. Los únicos que sí podía leer eran los de kínder porque tenían muchos dibujos y poquitas palabras. Me encantaba ver los dibujos, pero las historias no eran muy interesantes.

Me la pasé piense y piense sobre qué escribir y ¡por fin tuve una idea! Contaría la historia de cómo nací.

Mientras escribía, cerraba los ojos y me imaginaba a

mami acostada en un petate sobre el piso de tierra, con muchísimo dolor. Vi a la señora que ayuda a los bebés a nacer entrar a la casita y prender el fuego para calentar agua en una olla. Mientras escribía, era como si de verdad estuviera allí, sintiendo el calor de las llamas.

«No empujes todavía, aún no estás lista», escuché decir a la partera, que afilaba un cuchillo.

Conté, también, que tenía tanta prisa por nacer que la partera apenas si tuvo tiempo de agarrarme para que no me cayera al piso. «Es una niña», escuché que dijo la partera, mientras me ponía en los brazos de mami.

Después venía la parte más bonita de mi cuento, mi favorita. Mami volteó hacia el fuego para que las llamitas me calentaran. Cuando la partera cortó mi cordón umbilical, mami le pidió que lo enterrara en el piso de tierra. Escribí que aunque ahora vivía muy lejos de mami y mi país, no me olvidaba de dónde vengo.

El señor López me ayudó a arreglar mis errores y me dio ideas para que mi cuento quedara mejor. Cuando ya estaba bien, me dio hojas nuevas para pasarlo en limpio. Al terminar, hice unos dibujos en mi parte favorita.

La maestra Anderson nos enseñó a hacer un librito con cartón de nuestro cuento. Al final de la semana terminamos y ella los juntó todos en su escritorio. Como ya era viernes y habíamos trabajado mucho toda la semana, nos dejó ver una película, mientras ella revisaba nuestros libritos.

La película era sobre un extraterrestre llamado E.T.

que quería regresar a su casa. Yo sentí lástima por él, porque su vida en Estados Unidos era muy difícil. Entendí muy bien sus deseos de regresar a casa. También me dieron celos porque ¡E.T. aprendió inglés más rápido que yo!

No podía ponerle atención a la película. Me la pasé mirando a la maestra. Tenía todos los libritos del lado derecho de su escritorio. Luego, mientras los iba leyendo, hizo otros dos montones: uno para los libros que le gustaban y otro para los que no. Uno de esos montones comenzó a crecer y a crecer, mientras el otro se quedó chiquito. Yo sabía que el montón grande era de los libros que no le gustaban.

Me quedé como estatua cuando agarró mi libro. Había llegado el momento. *¡Esta es mi gran oportunidad!* Lo abrió y apenas si lo vio por encima, antes de cerrarlo y ponerlo en el montón más grande. Mis ojos se llenaron de lágrimas. Mi libro había sido rechazado. *¡Pero si ni siquiera lo había leído! Nadie lee un libro en un segundo. Si ni siquiera habla español, ¿cómo lo pudo leer tan rápido?* Quería levantarme y decirle algo, que lo revisara otra vez, pero mi inglés no servía para decir lo que pensaba y cómo me sentía, por eso me quedé callada.

E.T. ya estaba regresando a casa. Se despedía de su amigo y se metía en su nave espacial. Cómo me hubiera gustado regresar a casa también, a Iguala, donde podía hablar con mi maestra en mi idioma y decir lo que pensaba. Si las cosas iban a ser así, yo no quería vivir en este país.

Cuando la clase terminó, la maestra Anderson agarró los libros que había elegido para el concurso. De los que escogió, ninguno era de los niños de mi mesa, los que no hablábamos inglés.

El señor López nos dijo en español.

—Niños, hicieron un muy buen trabajo en estos libros y si no los escogieron no quiere decir que no sean buenos.

—No tan buenos —dije en voz baja. Con la cabeza en las manos, sentí que me iba a poner a llorar y la tristeza era como una ola grande que quería ahogarme. *No me sueltes, papi.*

El señor López me miró, y luego a los otros cuatro niños de mi mesa.

—No hay nada que les pueda quitar una mejor vida. Algún día aprenderán inglés. Encontrarán su camino. No olviden que no importa de dónde vienen, porque ahora están viviendo en la tierra de las oportunidades, donde todo es posible.

La maestra Anderson puso a la vista todos los libros que no ganaron, yo creo que para que no nos sintiéramos mal. Yo agarré el mío del estante donde lo había dejado.

Algún día—me lo prometí, pensando en las palabras del señor López—, *escribiré un libro que no será rechazado, uno que haga sentir orgulloso a mi papi.*

10

—Su madre no está en México —nos dijo papi, un día. Acababa de llegar del centro de Los Ángeles. Abrió una cerveza y le dio un largo trago, sin dejar de mirarnos.

Nosotros también lo miramos, sin entender.

—¿Qué no me oyeron? Su madre no está en México —repitió, y yo pensé que estaba bromeando, pero luego me di cuenta de que no.

—Y pues ¿dónde está? —le preguntó Mago, alzando la vista de su cuaderno. Carlos y yo también dejamos de escribir, y nos quedamos sentados a la mesa de la cocina, mirando a nuestro padre.

—¡Aquí! Ya lleva muchos meses en el país y ni siquiera los ha buscado.

—Pero ¿cómo que está aquí? —le preguntó Carlos.

—¿Es una broma? —dije yo.

—¿Qué no me creen? Hoy me topé con ella —respondió papi. Nos contó que de regreso a casa, al subirse al camión se sorprendió al descubrir que uno de los pasajeros era mami. Vivía en el centro, en la calle San Pedro.

—Su madre nunca me dejará de sorprender —dijo papi.

—¿Y Betty? —preguntó Mago.

—¿No se los acabo de decir? Ay, su madre. ¿Dónde creen que está su hermanita?

Mago, Carlos y yo nos quedamos viendo. *¿Dónde más puede estar Betty? Por supuesto que con mami.*

—¡Su madre dejó a su hermana en México! Se vino aquí sola con su novio —nos contó papi. Tiró su cerveza vacía contra la pared y agarró otra.

—¿La podemos visitar? —preguntó Carlos.

—¿Te dijo bien dónde vive? —preguntó Mago.

—¿Quieren ir a verla? —nos dijo papi—. ¿Qué no tienen orgullo? Ustedes no le importan a su madre. Si le importaran los hubiera buscado. Llegó hace meses. ¿Por qué la quieren ir a ver? ¡Tengan orgullo, pendejos!

—Pero . . . ella es nuestra mami —dije yo.

Papi se me quedó viendo, decepcionado con mis palabras. Movió la cabeza de un lado a otro y se fue. Desde la puerta, nos dijo:

—Para que lo sepan, su madre tiene un nuevo hijo. Un niño de tres meses.

Me sentí mal, me costaba respirar. Las palabras de papi se repetían en mi cabeza. *Ustedes no le importan a su madre . . . Ustedes no le importan a su madre.*

Cuando al fin pude respirar bien, de una cosa estaba segura: no me importaba lo que dijera papi. Yo me moría de ganas de ir a ver a mami.

* * *

Pasaron las semanas y no logramos convencer a papi de que nos dejara ver a mami.

—Yo fui quien los trajo aquí —nos decía, y luego se encerraba en su cuarto. Con esas palabras, lo que quería decirnos era que teníamos que escoger entre él y ella. No sabíamos cómo decirle que no había que escoger. ¡Los dos eran nuestros padres!

Me dolía mucho pensar que Betty estaba sola en México. Cuando mami y papi nos dejaron allí, por lo menos nos teníamos uno al otro. Pero Betty . . . ¿a quién tenía Betty? Era como Élida, que no tenía a nadie que la quisiera más que la abuela. Pensé en todas esas fotos que enviamos, y en la tristeza de nuestra hermanita al vernos juntos mientras ella estaba solita.

—Su madre es muy egoísta, por eso no me dejó traer a Betty —nos dijo papi—. Usó a su hermana para vengarse de mí.

—De todos modos, no tenemos dinero para darle de comer a uno más —le dijo Mila—. Ya es bastante difícil con tus tres hijos, más los tres míos, que aunque no viven con nosotros de todas maneras los tengo que mantener.

—Pero qué tal si yo voy por ella.

—No vamos a pasar por lo mismo —dijo Mila—. Yo no me voy a hacer responsable de criar a otro niño más.

Mago le escribió una carta a la abuelita Chinta y con ansia esperamos su respuesta. Un día nos llegó una carta de mi tía Güera. Nos contó que nuestra hermanita estaba bien y que no nos preocupáramos. También nos dio la gran noticia de que a finales del verano se iría de Iguala para venir a los Estados Unidos ¡y se iba a traer a Betty!

Por fin logramos convencer a papi para que nos dejara visitar a mami, cuando la tía Güera y Betty llegaron bien de México.

Tomamos el camión 83 hacia el centro de Los Ángeles. Caminando por la calle 7, en dirección a la calle San Pedro, nos sorprendió lo que vimos. Aquí no se parecía a Estados Unidos; sentí que estábamos en otro país.

Gente pobre sentada en el suelo, pidiendo limosna. Otros empujando carritos de supermercado llenos de sus cosas. Banquetas llenas de basura. Bolsas sucias volando en el aire. Un olor a orines que me daba ganas de vomitar.

¿Cómo puede vivir mami aquí?

—De repente siento que estamos en México —dijo Mago.

—Nunca pensé que aquí hubiera lugares como este —dijo Carlos.

En Iguala la gente siempre decía que Estados Unidos era el lugar más hermoso del mundo, un verdadero paraíso. ¿Qué dirían si vieran el centro de Los Ángeles?

Encontramos la dirección que la tía Güera nos dio y tocamos el timbre. Una mujer bajó por las escaleras y abrió la puerta de seguridad. No sabíamos quién era, pero le dijimos que veníamos a ver a nuestra madre.

—¿Cómo se llama? —nos preguntó.

—Juana.

—Ah, sí. Ella vive en la habitación A.

Luego subió por las escaleras y la seguimos. La puerta de la habitación A estaba abierta. Vimos a mami antes de que ella nos viera, sentada en la cama y con un bebe medio dormido en sus brazos. Cuando nos vio, se levantó y se acercó a la puerta.

—¡No puedo creer que mis hijos estén aquí! —nos dijo, sonriendo—. Miren nomás cómo han crecido.

Entramos al cuarto y le dijimos hola a Rey, que estaba sentado a la mesa. A su lado estaba la tía Güera. Le dimos un abrazo y le dijimos que nos alegraba verla. Luego, mis ojos se fijaron en la pequeña Betty, que estaba en la alfombra sucia, jugando con una muñeca. Corrimos a ella para abrazarla y llenarla de besos, pero Betty no nos quiso y corrió hacia donde estaba mi tía.

—Un año es mucho para una niña chiquita —dijo la tía Güera.

—Denle tiempo —nos dijo mami.

—Betty, soy yo, Mago, ¿no te acuerdas de mí? —le dijo Mago, y se agachó para mirarla. Betty escondió su cara en el cuello de la tía Güera y no quiso hablarnos.

¿Cuándo volveríamos a ser una familia? pensé al ver a mi hermanita de cinco años.

Mami vivía en un cuartito donde solo cabían una cama, una mesa, un refrigerador, una tele con su estante y cajas con ropa apiladas en la pared. Tenían que compartir la cocina y el baño con la demás gente del piso.

Yo pensé en el apartamento que tenían papi y Mila. Ellos no ganaban mucho dinero y entre los dos tenían seis niños para mantener. Como tenían muchos gastos, no podían pagar un apartamento más grande y debíamos quedarnos en este de un cuarto hasta que las cosas mejoraran. Era cierto que Mago, Carlos y yo dormíamos en la sala, pero por lo menos el baño y la cocina eran nuestros y no los compartíamos con gente extraña. Además, podíamos jugar en un patio trasero y nuestra alfombra no estaba sucia. Tampoco había cucarachas corriendo en las paredes, como aquí en donde vivía mami.

Nos amontonamos como pudimos en el cuartito.

—¿Y cómo llegaron aquí? —le preguntamos a mami.

Ella estaba sentada a la mesa abrazando a su nuevo bebe. Yo traté de no mirarlo. No quería sentir nada por él, este hermano mío, Leonardo. Aunque apenas tenía tres meses, ya se parecía a su padre. Mago, Carlos, Betty y yo nos parecíamos a papi y mami, y cualquiera que nos viera se daría cuenta de que éramos hermanos. Pero Leonardo no se parecía a nosotros para nada.

Mami nos contó que no habían pensado viajar a Estados Unidos.

—El hijo de una amiga quería venir, pero tenía miedo de hacerlo solo —dijo—. Entonces ella ofreció prestarme dinero para que Rey y yo pudiéramos acompañar a su hijo al cruzar la frontera.

Como no podía traer a Betty, tuvo que dejarla con la

abuelita Chinta. Mientras tanto, formó otra familia con Rey. Y si no fuera porque papi se la había encontrado ese día, nada hubiéramos sabido.

Rey y mami trabajaban en una fábrica de ropa.

—Nos pagan una miseria, por eso no podemos rentar algo mejor —dijo mami. Una cucaracha corría por la pared y ella se apuró a aplastarla con su sandalia. Volteó a vernos y dijo—: Pero la pobreza de aquí no se compara con la pobreza de allá. Además, ahora estoy cerca de ustedes, hijos míos.

Entonces, Mago le preguntó lo que queríamos saber:

—¿Por qué no nos buscaste?

Mami respiró profundo y nos dijo:

—Quería darles tiempo para que conocieran más a su padre, y él a ustedes. No quise meterme en el medio. ¿Me entienden?

Era raro, pero sí la entendíamos, aunque había algo más. No había lugar para nosotros en la vida de nuestra madre. Nunca podría querernos como nos gustaría, con todo su corazón, como una verdadera madre. Pero si la queríamos en nuestras vidas, teníamos que aceptarla.

La comenzamos a visitar cada quince días. Aunque ganaba poco en la fábrica, siempre tenía dinero para llevarnos a pasear a diferentes lugares como el parque de Exposiciones, para ver las rosas, o a comprar ropa o calcetines al Alley, o a la Placita Olvera para ver danzas folclóricas y comernos un churro.

Pero lo que no me gustaba de salir con mami era que siempre llevaba una bolsa para recoger latas en la calle o revisar los botes de basura. A veces, hasta nos hacía juntar latas para ella, en lugares con mucha gente. A Mago, Carlos y a mí nos daba muchísima vergüenza, y le decíamos que no, ¡para nada! La pobre Betty, que ya estaba acostumbrada, corría a levantar latas aunque mami no se lo pidiera. Creía que era un juego y llegaba riéndose con la basura que encontraba.

—¿Qué haces con esas latas? —le preguntó Carlos.

Por el edificio donde mami vivía, habíamos visto gente pobre con carritos de supermercado llenos de latas, pero no sabíamos a dónde las llevaban.

—Las llevo al centro de reciclaje —respondió mami—. Me pagan por ellas.

Pero ¿valía la pena que su apartamento apestara tanto? Ella solo iba al centro de reciclaje una vez a la semana y las bolsas llenas de latas se quedaban toda la semana en un rincón de su apartamento, criando cucarachas.

Pronto nos acostumbramos a nuestra doble vida con mami y papi, pero aunque pasara el tiempo, yo no olvidaba mi sueño de tener una familia unida. En especial cuando me gradué de la primaria, al año siguiente. Me dio mucha alegría que mi papá pidiera permiso en el trabajo para acompañarme, aunque yo también quería que mami estuviera. Pero papi lo dejó muy claro: No quería verla, decía que jamás olvidaría lo que le hizo a Betty.

Mami casi no preguntaba por él. Estaba muy concentrada en su nueva vida aquí, con Rey, su nuevo hijo y Betty. Ya no nos separaban miles de kilómetros, pero todavía se sentía una distancia muy grande entre nosotros.

11

A veces, papi nos juntaba para platicar. Su tema favorito eran sus planes para el futuro.

—En este país, si no estudian, no van a llegar muy lejos. La escuela es la llave del futuro. Tienen que estudiar mucho, ¿me oyen?

Según él, tener una profesión era muy importante.

—Por ejemplo, vean a su madre —nos decía—. ¿Qué hace en la fábrica? Ese trabajo no tiene futuro. Le pagan en efectivo y no tiene beneficios, como seguro social para cuando se retire. Esa no es forma de vivir, y mucho menos en este país.

Pero lo que no dijo fue que él tampoco estaba en una buena situación. No tenía papeles y estaba usando una tarjeta falsa de seguro social que compró en el parque MacArthur por cien dólares.

—Algún día ustedes serán unos profesionales. Tendrán casa propia y dinero para su jubilación —nos dijo.

—Pero si yo apenas tengo once años y medio, papi,

¿por qué tengo que preocuparme por eso? —le pregunté.

—Chata, algún día vas a ser viejita —me respondió—. Si piensas que la vida no es fácil ahora, espérate a que estés viejita y ni siquiera puedas bañarte sola. Allí te darás cuenta de lo difícil que es la vida.

—¿Como los viejitos de tu trabajo? —le pregunté.

—Sí, pero si no te va bien, no podrás pagar un buen lugar donde te cuiden —me dijo papi—. Si estudias te puede ir mejor.

—Pero si no tenemos papeles, papi —le dijo Mago—. ¿Cómo podemos tener casa propia o una profesión sin papeles?

Papi respondió:

—El ser indocumentados no significa que no podamos soñar. Además, nuestras vidas muy pronto van a cambiar. Y ya no tendremos que preocuparnos.

Papi había buscado la manera de conseguir sus papeles. Él y Mila ya estaban casados de verdad y como ella era ciudadana de Estados Unidos, podía pedir nuestras tarjetas de residencia. Además, el presidente Reagan había aprobado una ley de amnistía ocho meses antes, en noviembre de 1986, y ya papi había pedido su *green card* con ese programa. Si él la conseguía podría conseguir las nuestras, si lo de Mila no funcionaba.

—De una manera o de otra, dejaremos de vivir en las sombras —dijo papi.

Yo no entendía muy bien lo que papi quería decir con

eso. Pero cuando me acordé de la manera en que la maestra Anderson no me hizo caso solo porque no sabía inglés, pensé que entendía lo que papi quería decir.

En septiembre, Mago se convirtió en la primera de nuestra familia en ir a la preparatoria. Papi la llevó a comprar ropa nueva y le dijo que su «negra» necesitaba lucir de lo mejor ese día tan importante, porque luego de eso ella llegaría a la universidad y nos haría sentir muy orgullosos de todos sus logros.

—¿Y yo? También necesito ropa, estoy por entrar a la secundaria —dije.

—Pero tú no fuiste la primera y yo sí —me contestó Mago.

Papi nos dijo a Carlos y a mí que no tenía dinero para todos. Su sueldo apenas le alcanzaba para mantener a sus tres hijos. Además, ahora también tenía otra deuda por los gastos del abogado que contrató para que nos ayudara con la solicitud de nuestra *green card*. Me hubiera gustado entender todo eso, y lo intenté, pero cuando papi y Mago se fueron a Fashion 21, sentí coraje porque mi padre no nos llevó a Carlos y a mí para comprarnos ropa también.

Además, me enojé con mi hermana. ¿Yo qué culpa tenía de que ella hubiera nacido primero? ¿Qué culpa tenía de que le tocara hacer las cosas antes que yo? Papi nos había dicho que quería sacarnos de las sombras. Con o sin tarjeta de residencia, me prometí a mí misma dejar de vivir bajo la sombra de mi hermana. Iba a encontrar algo donde pudiera ser la primera, para hacer que mi padre se sintiera orgulloso.

Yo pensaba que la Aldama Elementary era bien grande, pero cuando entré en Burbank Junior High School me sorprendió ver que era aún más grande. Lo bueno es que no estaría sola allí. Como Carlos comenzaría el noveno grado, me acompañaría durante un año. Fue él quien me llevó a mi primera clase de Inglés. Por fin iba a aprender el idioma y dejaría de estar en una esquina del salón. Aquí todos en la clase estaríamos aprendiendo inglés juntos.

Mi maestro era el señor Salazar. Se me hizo conocido, pero no recordaba dónde lo había escuchado. Cuando pasó lista y dijo mi apellido, hizo una pausa y me preguntó:

—¿Grande? ¿De casualidad eres familiar de Maggie Grande?

—Sí, es mi hermana —le dije, y me acordé que Mago me había hablado de él.

El señor Salazar tenía un bigote muy grande pero no tapaba su sonrisa enorme.

—Tu hermana fue una estudiante maravillosa, una de las mejores y más brillantes.

Se me quedó mirando, como si me estuviese comparando con mi hermana. Mi corazón se aceleró, y me di cuenta de que no importaba lo que yo hiciera, él siempre me compararía con Mago. Aunque yo también fuera una de las «mejores y más brillantes», Mago lo había sido primero.

Por suerte, en mis clases de Matemáticas y Ciencia no conocían a mi hermana, así que no me iban a comparar con ella, aunque esas no eran mis clases favoritas. En Educación Física, cuando la maestra pasó lista y se detuvo en mi nombre, de nuevo sentí que mi estómago se revolvía.

—¿Reyna Grande? —me preguntó—. ¿De veras ese es tu nombre, Reyna Grande?

Traté de no hacerles caso a las burlas de mis compañeros. *Claro que sí, yo soy una reina grande, aunque solo mido metro y medio, qué caray.*

—Sí, soy yo —le contesté, pensando que iba a preguntarme si era hermana de Mago, pero no lo hizo.

—¿No crees que eres muy chiquita para llamarte así? —me preguntó, sonriendo. Su cabello era tan rubio, que con el sol se veía casi blanco—. ¿Te puedo llamar Princesa?

Tal vez tenía razón y yo aun estaba muy chiquita para llamarme Reyna Grande. Tal vez algún día mi nombre por fin me quedaría bien, pero por ahora no me ofendía ser una princesa.

Mi última clase se llamaba *Band* y era de música. Cuando el maestro, el señor Adams, me preguntó qué instrumento quería aprender a tocar, no supe qué contestarle. Él señaló el mueble donde habían muchas cajas negras. Luego abrió algunas para enseñarme los instrumentos.

¡Eran muy bonitos! Dorados y plateados, pero yo no sabía cómo se llamaban.

—Entonces ¿cuál quieres tocar? —me volvió a preguntar.

—¿Cuánto cuestan? —le pregunté, pensando en si papi tendría dinero para comprarme uno de esos instrumentos. Parecían muy caros.

El señor Adams se rio.

—No te van a costar nada, son de la escuela y te los prestamos para que te los lleves a tu casa.

Me pareció increíble. En México nada era gratis en las escuelas, ni siquiera un lápiz. Él volvió a preguntarme cuál quería tocar. Yo no sabía de instrumentos. Me dijo sus nombres y los señaló: clarinete, trompeta, flautín, flauta, saxofón, corno francés. ¡Tantos instrumentos para llevar a casa!

—Mira, trata con este —me dijo—. Necesitas que sea pequeño —dijo, y me dio un clarinete.

En ese momento, vi una belleza dorada que brillaba dentro de una de las cajas, y le dije:

—¡Quiero ese!

El señor Adams vio hacia donde le estaba señalando y me dijo:

—Es un saxofón alto. ¿Estás segura de que es ese el que quieres?

—Sí, estoy segura —le respondí.

—Pero eres chiquita —me dijo—. Y este está pesado.

Yo estiré mi mano y él me dio la caja.

Cuando ya todos teníamos nuestros instrumentos, el señor Adams nos enseñó a tocarlos y a leer notas musicales. Era cierto. El saxofón era muy pesado y su correa me dejaba marcas en el cuello. Primero, soplé y soplé, ¡y el sonido que salía parecía el de un burro que se estaba muriendo! Y tanto soplar me mareó muy feo. Pero al final de la clase logré tocar algo parecido a la música y por primera vez me sentí emocionada.

Me gustaba aprender a tocar un instrumento. Para esto no necesitaba saber inglés. ¿A quién le importaba si mi acento era de «mojada»? Para leer notas de música uno no necesita saber hablar ningún idioma. Además, ni tenía que hablar, solo tocar dulces melodías.

Me fui a casa con mi saxofón y cuando papi llegó se lo enseñé. Mago nunca había llevado un instrumento a casa, así que ¡por fin yo era la primera en algo! Papi agarró el saxofón y lo estuvo admirando.

—¿Estás segura de que no hay que pagar por esto? —me preguntó.

—No, papi, la escuela nos los presta gratis a los estudiantes.

Papi se sorprendió. Me pidió que tocara algo. Mago me sacó la lengua y se fue. Yo agarré el saxofón y toqué lo que me enseñó el señor Adams, aunque no me acordaba muy bien. Papi no me criticó cuando me equivoqué, sólo me dio una palmadita en la cabeza y me dijo que siguiera practicando.

—¿Sabes qué, Chata? Cuando yo estaba en tercero de primaria, mi maestro trajo a clase unos tambores y nos enseñó a tocarlos. No podíamos llevarlos a casa, pero era bonito que en la escuela nos dieran la oportunidad de aprender a tocar un instrumento.

—Yo no sabía que tocabas los tambores.

La sonrisa de papi se apagó.

—No aprendí a tocarlos. Poco después, cuando cumplí nueve años, tu abuelo me dijo que ya estaba grande como para trabajar con él en el campo, y me sacó de la escuela. Nunca más volví a tocar tambores, porque desde entonces no he dejado de trabajar.

Papi se levantó, fue hacia el refrigerador y agarró una cerveza. Luego se encerró en su cuarto. Yo me senté en la sala para tratar de tocar el saxofón, pero Mago y Carlos se quejaron del ruido y me mandaron afuera. Me fui al patio y lo seguí tocando, con todo mi corazón, para mí y para papi, que nunca más pudo aprender a tocar un instrumento.

12

Al igual que la abuela Evila, papi no nos dejaba jugar en el vecindario. Nos decía:

—Los quiero aquí, en casa, donde pueda ver lo que están haciendo. No quiero que anden de vagos y se vuelvan cholos.

No nos interesaban los pandilleros, aunque andaban por todos lados. En Highland Park había una pandilla llamada The Avenues, Las Avenidas. Era una de las pandillas más grandes de Los Ángeles. En la casa de al lado vivía una familia de pandilleros. Tratábamos de no acercarnos a ellos, pero ellos no hacían lo mismo. Uno de los hijos, Tino, se metía a nuestro patio por las noches para robarse agua de la manguera. Llenaban sus cubetas en la oscuridad cuando dormíamos. A ellos les cortaban los servicios porque no los pagaban a tiempo. El padre estaba en la cárcel y la madre era una adicta a las drogas que no se hacía cargo de sus hijos.

Papi no les decía nada.

—No voy a poner nuestras vidas en riesgo por una cubeta de agua —nos decía.

Pero una noche, cuando regresaba de la tienda con sus cervezas, un pandillero salió de la oscuridad con un cuchillo.

—Dame tu cartera —le dijo.

Entre la débil luz del farol, papi reconoció la cara del cholo y le dijo:

—¿Dejo que agarres agua de mi casa y ahora me amenazas con un cuchillo?

Luego, papi nos contó que Tino se disculpó y guardó el cuchillo.

—Lo bueno es que nunca le había reclamado por el agua, porque si no me hubiera apuñalado. Yo no le iba a entregar mi cartera nada más así.

Las balaceras en nuestro vecindario pasaban mucho. Casi todas las noches escuchábamos balazos a lo lejos. ¡Pero un día se escucharon justo afuera de nuestra puerta! Mago, Mila y yo estábamos en la sala mirando nuestra telenovela favorita, *Quinceañera*, super pegadas a la tele, cuando de repente papi y Carlos entraron corriendo a la casa.

—¡Al suelo, al suelo! —nos gritó papi.

Enseguida nos metimos bajo la mesita. Mago no quitó los ojos de la tele, porque estaba embobada con Ernesto Laguardia y no le importaba nada más.

—¿Qué está pasando, Natalio? —preguntó Mila.

Afuera los ruidos que se escuchaban eran los ladridos de un perro y el escándalo que hacía la alarma de un carro.

Papi había estado afuera arreglando las tuberías, y Carlos practicaba sus movidas de fútbol en el estacionamiento cuando de repente un carro lleno de pandilleros pasó por la calle y les dispararon a tres cholos que andaban por ahí. Eran miembros de una pandilla rival. Las balas destrozaron el vidrio del carro de un vecino. Carlos había estado jugando muy cerca de ese carro.

—Hirieron a uno de los cholos —dijo papi—. Todavía está allí. Los otros se fueron corriendo.

Cuando nos aseguramos de que ya no había más disparos, decidimos salir. En la oscuridad pudimos ver que en la banqueta un hombre se arrastraba hacia nosotros.

—¡Ayúdenme, ayúdenme! —nos pedía, quejándose.

Papi se paró enfrente de nosotros, levantando su mano para evitar que diéramos un paso más. No nos movimos, estábamos tan espantados que no sabíamos qué hacer o decir. La cabeza del cholo estaba totalmente rapada, como les gustaba a los pandilleros, y vestía una camisa a cuadros de mangas largas. El cholo se agarró del porton y trató de levantarse.

—¡Ayúdenme! —volvió a pedir.

Yo miré a papi. ¿Por qué no lo ayudaba?

—Haz algo —le pedí, jalándolo de su camisa.

—Entremos —nos dijo.

—Se va a morir —dijo Mago.

—Entren —insistió papi. Mila fue derecho al teléfono y llamó a la policía.

—Tenemos que ayudarlo —supliqué.

—No hay mucho que se pueda hacer —dijo papi—. Si salgo y voy a ayudarlo, mañana yo seré al que le disparen, o a ustedes, niños. Esa estúpida pandilla volverá para buscar venganza, créanme. No quiero regresar a casa y encontrar a alguno de ustedes allí en el portón con un balazo en el pecho.

Papi tenía una cara de terror. Y me acordé que ya antes lo había visto así, en la frontera, cuando huímos del helicóptero. Era la cara de un papá que quería proteger a sus hijos.

Estábamos en la cocina cuando se escucharon sirenas que venían para acá. Papi nos dijo que nos quedáramos adentro y salió solo. Desde la ventana vimos llegar a la policía y a la ambulancia. Nos ganó la curiosidad y no le hicimos caso.

Los tres salimos justo cuando los paramédicos trataban de soltar al cholo de nuestro portón. Después lo acostaron en la banqueta y le desabrocharon la camisa. No se movía ni respiraba. En el lado izquierdo de su pecho estaba el hoyo donde entró la bala. En la banqueta había un charco de sangre. Me acerqué a papi y lo tomé de la mano. Él me la apretó con mucha fuerza.

13

Mientras esperábamos que nos dieran los papeles para vivir legalmente aquí, papi decidió ir a la escuela para adultos y aprender inglés de una vez por todas. Hasta ese momento, Mila hacía todo por él. Ella hacía los cheques para pagar las cuentas. Ella nos llevaba a mí, Carlos y Mago a nuestras citas de doctor porque papi no se sentía cómodo. Mila hacía las compras. Mila iba a las reuniones de papás en la escuela porque podía hablar con los maestros en inglés. Mila cobraba la renta a los que les rentaban los apartamentos. Papi se la pasaba en su cuarto y sólo salía para ir a trabajar o a comprar sus cervezas.

Pero un buen día, papi se compró un cuaderno y me pidió prestado un lápiz y un sacapuntas. Yo también le di mi goma de borrar con olor a fresas, para que le diera buena suerte. Lo vimos irse a sus clases nocturnas para adultos en la Franklin High School. Me llenaba de orgullo el que mi padre fuera a la escuela. Todo lo que nos decía sobre la educación y lo importante que era estudiar, tenía más sentido al ver cómo le echaba ganas por aprender.

—Una vez que tenga papeles, nuestra situación va a cambiar —nos decía seguido.

Mi mamá ya había conseguido sus papeles para vivir aquí gracias a la ley que hicieron en 1986. Se los dieron antes que a papi. Pero, a diferencia de él, a ella no le importaba estudiar inglés y cambiar su vida, porque ya tenía papeles. Pero mi papá en verdad quería una vida mejor y eso era contagioso. Era una de las cosas que más me gustaban de él.

Pero pocas semanas después de que papi comenzara a estudiar, descubrió algo terrible.

¡La tía Emperatriz le había robado la casa de sus sueños.

Como mi tía por fin se había casado, convenció a la abuela Evila de que le diera las escrituras de sus terrenos, y eso incluía el terreno con la casa que papi había construido, y mi tía y su esposo ¡se habían ido a vivir allí!

—¿Cómo se atrevió a hacer eso? —preguntó Mila—. ¡Es tu propia hermana! ¿Y por qué lo permitió tu mamá, si tú siempre has sido un buen hijo? Todos estos años le has estado mandando dinero. Sin ti ya se hubiera muerto de hambre.

—¿Qué piensas hacer? —le preguntó Mago a papi. Nosotros sabíamos bien lo importante que era esa casa para él. Era su plan B por si las cosas aquí en Estados Unidos no salían bien. Ya nos había costado la mala relación con nuestros padres y su divorcio. Mami siempre dijo que el precio por esa casa era demasiado alto. Pero ahora se la habían robado.

—¡Voy a ir a recuperarla! —gritó papi, dando un puñetazo sobre la mesa de la cocina.

—No puedes ir, Natalio. Tendrías que cruzar el cerro otra vez y si te descubren no te van a dar tus papeles. ¿De verdad quieres perder tu oportunidad de ser un residente legal? —le dijo Mila.

Pero papi no la escuchaba. Caminaba de un lado a otro por la cocina, jalándose el pelo, hasta que se paró y se nos quedó viendo.

—Yo no voy a perder esa casa, no la puedo perder. Es todo lo que tengo.

—Pero si no hay dinero para tu boleto de avión ni para pagarle a un coyote que te ayude a regresar —le insistió Mila—. Apenas si tenemos para comer.

Papi no la escuchaba y al día siguiente se fue.

Mientras papi estuvo en México, me costó mucho poner atención en la escuela. Todo el tiempo pensaba qué estaría haciendo. Si mi tía y mi abuela se dieron cuenta de su error y le habían devuelto la casa a su verdadero dueño. Me preguntaba si regresaría pronto y rezaba para que cruzara la frontera sin que le pasara nada. Rezaba para que no lo mataran o lo hirieran, y para que la migra no lo atrapara.

Me dolía la panza de solo pensar que si lo agarraban perdería su oportunidad de ser residente legal y ya no tener que esconderse, que era lo que tanto quería. ¿Qué sería de sus sueños, que ahora también eran mis sueños?

Dos semanas después, al regresar de la escuela, encontramos a papi sentado a la mesa de la cocina con la cabeza baja. Aunque se había quemado la cara por tanto correr bajo el sol, al cruzar la frontera, estaba pálido. Sus estaban ojos rojos y cansados por la falta de sueño. Parecía más flaco que cuando se había ido. Corrimos hacía él, muy contentos de que hubiera llegado bien. Entonces nos dijo:

—¡Nunca volveré allá!

Me quedé pensando en todas las veces que Mago, Carlos y yo cargamos ladrillos y cubetas de cemento para nuestra casa. Recordé esas noches que no podíamos dormir porque nos dolía todo el cuerpo. Pensé en los años que papi no estuvo y cuando mami se fue, ¡todo para construir nuestra casa soñada!

—¿Qué pasó? —le preguntó Mago.

Nos contó que la abuela Evila estaba enferma y débil. Por eso mi tía se las había arreglado para obligarla a darle todas sus propiedades. Cuando papi estuvo allá, mi tía le dijo que lo hecho, hecho estaba, y que él no necesitaba una casa porque ya tenía mucho. ¿A poco no vivía en un hermoso país? ¿Qué más podía pedir? También nos dijo que ni su papá ni su mamá hicieron algo para ayudarlo. Ningún pariente se puso de su lado.

—Nunca me había sentido tan solo —nos dijo.

Me dieron ganas de acercarme a él para darle un abrazo y decirle que entendía lo que había perdido, y que a mí también me dolía mucho. No debía sentirse solo, nos tenía a nosotros, sus hijos. Pero no sabía cómo acercarme a él. No sabía cómo decirle lo que sentía, así que mejor me quedé callada.

Por las tardes, miraba la puerta del cuarto de papi, y me preguntaba si ese sería el día en el que por fin lo vería salir con su cuaderno bajo el brazo, listo para regresar a la escuela. Pero la puerta se mantuvo cerrada. Luego de dos semanas de mirar esa puerta cerrada, sentí que la casa de sus sueños no era lo único que papi había perdido.

14

Cuando empecé el octavo grado, ¡tenía dos cosas para celebrar! Ya era señorita y había terminado súper bien el programa de Inglés. Como me encantaba leer, lo aprendí tan bien que ese año ya podía ir a clases regulares.

Todos los viernes, antes de irme a casa, pasaba por la biblioteca de Arroyo Seco y sacaba diez libros. Me los leía durante la semana. Leía tanto que a veces me escondía bajo las cobijas con una linterna y no me dormía hasta acabar mi libro. Mis favoritos eran los de una escritora llamada V. C. Andrews. Sus personajes eran abuelas malas, padres divorciados y hermanos que vivían separados. V. C. Andrews escribía de cosas que yo conocía bien: de ser pobre, de la tristeza, de perder cosas y de la falta de amor. Yo me sentía identificada con el sufrimiento y el dolor de esos personajes.

También me gustaba la serie de libros Sweet Valley High (*Mellizas y rivales*), sobre unas gemelas llamadas Jessica y Elizabeth, que vivían todo tipo de aventuras. Eran rubias de ojos verde-azul y vivían en una casa bonita con dos padres que las amaban. O sea, vivían en ese país perfecto donde yo quería vivir.

Con el tiempo tuve que usar lentes. Mago decía que parecía una bibliotecaria, como si fuera algo malo, ¡pero eso me hacía amar más los libros!

A mitad del año escolar me di cuenta de que en Burbank harían un concurso de cuentos. Nuestra maestra de Inglés nos animó a todos a participar. Yo me acordé del cuento que había escrito en la primaria. ¿Y si me rechazaban otra vez? Pero como ahora ya hablaba más inglés, tenía más oportunidad y podría darse el milagro de que ganara. Así, ¡por fin papi se sentiría orgulloso de mí!

Hasta entonces papi nunca había estado orgulloso de algo que yo hiciera. Nunca había ido a mis conciertos de la clase de Banda de música. Nunca había ido a los partidos de fútbol de Carlos. Ni a las presentaciones de baile de Mago en su escuela. Entonces, ¿cómo podría lograr que papi se fijara en mí? No lo sabía. Sólo sabía que tenía que intentarlo.

Mellizas y rivales me inspiró a escribir mi propio cuento de unas hermanas gemelas, Beverly y Kimberly. Pero en mi cuento, a estas hermanas sus papás las separaron cuando se divorciaron. La madre se quedó con Beverly y el padre se llevó lejos a Kimberly. Hasta que un día, cuando ya eran adolescentes, se encontraron otra vez, pero se sentían como extrañas. Tuvieron que luchar mucho para volver a sentirse hermanas. Era una historia muy triste, parecida a la que yo había vivido, el mundo que yo conocía. ¿A poco no fue eso lo que nos pasó a Betty y a mí?

Entregué mi cuento y me pasé las siguientes dos semanas muy nerviosa esperando los resultados. ¿Qué pasaría si lo rechazaban? ¿Se me quitarían las ganas de escribir?

Cuando llegó el día, en las clases anunciaron los resultados por los altavoces.

—¡Felicitaciones a todos los estudiantes que participaron en el concurso de cuentos! —dijo la directora y yo aguanté la respiración—. No olviden que si no fueron escogidos de todas maneras son unos ganadores.

Comenzó con las menciones de honor y mi nombre no estaba entre ellas. Luego anunció el tercer lugar y no era yo. Anunció el segundo y tampoco era yo. Sentí que se me salían las lágrimas.

—Y el primer lugar es para: ¡Reyna Grande!

Me quedé mirando el altavoz. ¿Había dicho mi nombre?

Mi maestra aplaudió y dijo:

—Felicitaciones, Reyna. Me siento muy orgullosa de ti.

Todos los estudiantes me voltearon a ver y por primera vez no lo hicieron para criticarme ¡sino para felicitarme!

Mi maestra me entregó mi premio delante de todos, junto con un listón azul que decía: *Primer lugar.* Tenía dos boletos engrapados en un folleto, donde se veía la foto de un crucero bien bonito.

¿Me había ganado dos boletos para subirme a un

crucero? Mi corazón comenzó a latir rapidísimo. Cuando papi se enterara ¡por fin se sentiría orgulloso de mí por llevarlo a pasear en un crucero!

—Son boletos para el Queen Mary —me dijo mi maestra.

—¿El Queen Mary? —pregunté, mirando la foto del crucero. Qué nombre tan bonito para un barco. Nunca había oído hablar de él—. ¿Dónde está?

—En Long Beach —me contestó.

Yo tampoco sabía dónde estaba Long Beach, pero estaba emocionada de solo pensar en la aventura de ese crucero y lo divertido que sería compartirla con papi. Tal vez podríamos tener un momento de papá e hija, donde por fin nos llevaríamos bien, donde por fin nos sentiríamos una familia. Me imaginé parada en el barco, mientras se alejaba del puerto. Imaginé que nos tomábamos de las manos y juntos disfrutábamos mirando el mar bajo el azul del cielo que nos rodeaba.

—Tú no sabes lo que es el Queen Mary, ¿verdad? —me preguntó mi maestra, interrumpiendo mis sueños.

Cuando le dije que no, me platicó más sobre el crucero, pero dejé de escucharla en cuanto me dijo que el Queen Mary ya no navegaba. ¿Por qué demonios la escuela me regalaba boletos para un crucero que ya no hacía viajes? ¡Qué coraje!

Regresé a mi asiento y el resto del día no dejé de lamentarme por la aventura que pensé poder compartir con mi papá.

Aunque el barco ya no hacía viajes, me fui a casa sintiéndome muy orgullosa. Tenía muchísimas ganas de que papi llegara a casa para poder contarle. Por eso, cuando abrió la puerta, corrí hacía él.

—¡Gané el primer lugar en el concurso! —le dije y le enseñé el premio y mi cuento.

Papi se quedó viendo los boletos.

—¿Qué demonios es el Queen Mary? —preguntó.

—Es un crucero, pero ya no viaja a ningún lado.

—Entonces ¿qué caso tiene ir a verlo? —me dijo.

—Porque yo gané —le dije.

—Ni siquiera sé dónde está.

—Está en Long Beach.

—Long Beach es muy grande y no me quiero perder —dijo.

—¿Y no podemos preguntar cómo llegar? —le dije, pero yo ya sabía lo que me iba a decir.

Como la mayoría de los inmigrantes, papi no salía a ningún lado si no sabía a dónde iba. No quería que la policía lo parara y lo mandara de vuelta a México. Sin decirme nada, papi me regresó mi premio y mi cuento. Los puse junto con el listón en una cajita donde guardaba mis recuerdos. Yo sentía que el premio no era lo más importante. Lo que de verdad me importaba era que mi cuento no hubiera sido rechazado. Agarré mi cuaderno y busqué una página en blanco para comenzar a escribir una nueva historia.

15

—¿Ves ese muchacho, el de los ojos verdes? —me dijo una vez mi amiga Phuong, y señaló hacia el otro lado de la cafetería. Cuando lo vi, le dije que sí y Phuong agregó—: Lo amo, ve a hablarle de mí. —Me empujó, pero no me moví.

¿Cómo le iba a hablar de mi amiga a un completo desconocido? Ella me dijo que se llamaba Luis y que era de El Salvador. Apenas había comenzado clases de Inglés, y casi no lo hablaba. Phuong tampoco, por eso no tomaba clases regulares como yo.

Phuong me quería de mensajera y me dijo en español lo que quería decirle a Luis.

—Reyna, tú y yo somos hermanas. Ayúdame. —Phuong decía que éramos como hermanas porque yo parecía asiática, como ella.

Al día siguiente me decidí a hablar con Luis durante el recreo y le dije que mi amiga Phuong estaba enamorada de él, así como ella me pidió que le dijera. Luis se rio.

—Pero si apenas me conoce, ¿cómo puede estar enamorada de mí?

No supe qué decir, porque cuando se me quedó viendo con esos ojos verdes, me di cuenta de que yo también estaba como Phuong. Sus ojos eran de un color verde aterciopelado, como las montañas de Iguala. Al mirarlo me sentía en casa. Ese dolor en el corazón, que llevaba cada vez que pensaba en mi tierra, se había ido. Luis no tenía razón. Sí era posible enamorarse de alguien que casi no conoces.

Todos los días le daba mensajes de Phuong, y rápido él comenzaba a hacerme preguntas, olvidándose de mi amiga.

—¿Dónde vives?

—En Granada y la avenida 50 —le respondí.

—¿De veras? Yo también vivo por ahí.

Resulta que vivía en el lado sur de Granada.

Phuong no era tonta. No hablaba español, ni podía entender lo que nos decíamos desde donde ella estaba, pero al final de la semana ya no era mi amiga.

—Eres una mala hermana, Reyna Grande —me dijo y se fue.

Yo no sabía conseguirle novio a nadie.

Una vez, caminando por la avenida 50, apenas si alcancé a ver a Luis que pasaba del otro lado en su bicicleta. No iba pedaleando, solo se dejaba llevar por la bajada. Iba detrás de mí, camino a Barney's, donde tenía que comprarle a papi un líquido para encender el carbón. Cuando entré a la tienda vi que Luis se había quedado en la esquina.

Salí de Barney's, y bien sabía que papi estaba asando

una carne en la parrilla y me esperaba. Pero desde el otro lado de la calle Luis me llamó. Yo sabía bien a dónde iba cuando empecé a cruzar la calle. La luz del semáforo se puso verde a la mitad del camino para llegar hasta donde estaba Luis y sus ojos color esmeralda.

—Vamos a pasear —me dijo, y se bajó de la bicicleta para caminar a mi lado. Casi no hablamos. El nuestro era un amor en silencio. Lo miré de reojo. Su cabello era más chino que el mío, y del color de la azúcar morena.

—¿Alguna vez te han besado? —me preguntó y yo respondí que no, sacudiendo la cabeza.

Sentí que me hundía en el piso. La cabeza me daba vueltas y me lo quedé viendo a sus ojos verdes. Recordé el terreno que estaba cerca de la casa de la abuela Evila, donde Carlos, Mago y yo jugábamos en el carro viejo que nos llevaba a La Montaña con Dolor de Cabeza. Pero en este momento, con el beso, sentí que la montaña vino a mí, y sentí toda su belleza.

—¿Por qué te tardaste? —me preguntó papi, pero yo estaba en otro lugar, mirando a lo lejos.

Le di la botella con el líquido y pasé junto a él y la parrilla. Me pregunté si Luis estaría pensando en mí y en el beso que nos dimos. Mis labios todavía me temblaban.

Papi me dio un coscorrón y me dijo:

—¡Respóndeme!

—Es que tuve que ir a la tienda de la avenida 52 —le dije.

—Mira, niña, no soy estúpido. Estás mintiendo y no voy a aceptar que mientras vivas en esta casa me mientas. ¿Dónde estabas?

Yo no le iba a contar que me dieron mi primer beso. De seguro me pegaría, y eso echaría a perder ese recuerdo. ¿Por qué mejor no me dejaba en paz, así podría encerrarme en mi cuarto para pensar en ese primer beso.

—¡Contéstame ya! —me dijo, agarrandose el cinturón.

—Yo no tengo que vivir aquí, si no quiero —le dije, retándolo—. Cuando quiera me puedo ir con mi mamá.

Me di la vuelta y me fui. Llegué hasta la esquina de la avenida 50, como si fuera a tomar el camión. No me quería ir, pero estaba cansada de que papi siempre me hiciera sentir que no tenía otra opción. A lo mejor y sí. Mami nunca nos había dicho que viviéramos con ella. Además, ¿como íbamos a caber en ese cuartito? Pero eso era lo de menos, porque lo único que él tenía que saber era que ya no iba a dejar que me tratara como una niñita. ¡A mí ya me habían dado mi primer beso! ¡Y antes que a Mago!

Luis y sus amigos estaban sentados sobre una barda en la casa de la esquina. Al verme, me chiflaron y Luis me gritó algo, pero no alcancé a oírlo. De pronto sentí un jalón en mi cabello, como si trataran de arrancármelo.

—¡Tú no vas a ningún lado! —me dijo papi detrás de mí, y me llevó a casa jalándome de los cabellos, mientras yo gritaba pidiéndole que me soltara.

Luis y sus amigos chiflaron aún más fuerte y me pareció que se reían. Mis lagrimas no me dejaban ver a Luis, pero yo sabía que estaba allí, viendo mi humillación. Papi me metió a la casa, mientras Mago y Carlos le rogaban que me soltara, pero no les hizo caso y se quitó el cinturón para pegarme. Pensé en Luis y en sus ojos verdes, para tratar de no sentir dolor.

El lunes, durante el recreo, fui a buscar a Luis. Ahora que nos habíamos besado ¿me pediría que fuéramos novios? Pero apenas si me miró y se dio la vuelta como si yo no estuviera allí. Sus amigos me señalaron y Luis puso cara de enojado, pero no volteó a verme. Phuong estaba en la cafetería con sus amigas. Me sonrió con burla y luego me dio la espalda. Sentí que había perdido a una amiga por un muchacho que ahora me ignoraba, y eso me dolió. ¿Era yo muy mala para besar? ¿Por eso él no quería hablarme? ¿O era porque papi me había maltratado enfrente de él y eso le hacía pensar que yo era una niñita a la que su padre todavía le pegaba?

Toqué mi pierna derecha, donde la hebilla del cinturón de papi me hizo una marca que parecía tatuaje. A lo mejor Luis pensaba igual que mi papá y mi mamá. A lo mejor yo era alguien fácil de abandonar.

Me fui hacia mi lugar favorito, las escaleras que llevaban al salón de música. El señor Adams todavía no había llegado, así que me senté en el piso y saqué mi libro de V. C. Andrews. Por lo menos ella sí seguía siendo mi amiga.

16

Cinco años después de llegar a Estados Unidos, Mago logró algo muy especial: se convirtió en la primera persona de la familia, por ambas partes, en graduarse de la preparatoria y recibir un diploma. Yo me convertí en la tercera de la familia, después de Mago y Carlos, en graduarme de la secundaria. Mi pequeño logro tal vez no era gran cosa, pero yo me dije a mí misma que este era solo el principio. En todas sus pláticas sobre el futuro, mi padre me enseñó a soñar en grande.

Cuando papi estaba borracho y me pegaba y me decía cosas feas, yo me agarraba muy fuerte a los sueños que él mismo me había dado. Solo pensaba en eso mientras sentía los golpes, porque ese papá que me lastimaba y prefería quedarse en casa a emborracharse, en vez de ir a mis conciertos con la banda o a las reuniones de padres en la escuela, no era el mismo papá que me decía que yo algún día sería alguien en este país. ¡Eso lo tenía bien claro!

Lo segundo para celebrar era que, ¡por fin nos llegaron

los papeles y teníamos permiso de quedarnos en Estados Unidos! Justo a tiempo para que Mago pudiera apuntarse en la universidad. En México, el sueño de ella era convertirse en la secretaria de un abogado. Ahora ya no quería ser secretaria, ¡sino una abogada que tuviera una secretaria! Papi nos había enseñado que en este país ¡podíamos ser lo que quisiéramos!

Papi pidió un préstamo de cinco mil dólares para ayudar a Mago con los gastos de la universidad, porque decía que su «negra» nos haría sentir orgullosos. Cuando en el otoño ella comenzara sus clases, yo entraría a la prepa.

En el verano asistí al campamento de bandas de música en mi nueva preparatoria, la Franklin High School. Recorrí la escuela mientras estaba vacía. Era dos veces más grande que Burbank. Tal parecía que mis escuelas cada vez eran más y más grandes. Me preguntaba de qué tamaño sería una universidad. ¿Se perdería Mago en la suya? Me hubiera gustado ser de su edad para estar con ella y así poder encontrar juntas nuestro camino.

El verano se fue rápido y muy pronto llegó septiembre. Por fin cumplí mis quince años. No iba a tener una quinceañera, como siempre lo soñé. Papi decía que esas fiestas eran muy caras. Hacía pocos meses que nos habíamos cambiado a un apartamento con tres cuartos, donde Mago, Carlos y yo pudimos tener un poco de privacidad. ¡Papi por fin comprendió que ya éramos demasiado grandes como para dormir en la sala! Pero ahora la deuda había crecido y nos decía que no había dinero para nada más, y menos para una fiesta.

—Te voy a llevar al parque acuático Raging Waters, Chata —me dijo.

Un par de semanas antes nos había prometido que nos llevaría el fin de semana. Sería mi primera vez y estaba muy emocionada, pero no me dejaba engañar.

—No vamos allí para celebrar mis quince años —le dije—. Vamos porque Kingsley Manor organizó un día de campo para sus empleados.

—No iría si no fuera por tu cumpleaños —me respondió.

Yo le contesté en inglés, usando una palabra que les aprendí a mis compañeros en la escuela: «*Whatever*».

Pocos días antes de nuestro paseo por Raging Waters, regresé a casa muy cansada del ensayo con la banda. Un rato después llegó Mago. Juntas nos pusimos a limpiar la casa para tener todo ordenado antes de que llegara papi. A él no le gustaba encontrarla sucia. Carlos todavía no había llegado. Todo el verano se la pasó jugando fútbol con sus amigos en el parque. Le pedimos que llegara a casa antes que papi, porque a él no le gustaba que anduviéramos en la calle. A Carlos le había dado permiso, con la condición de que no regresara tarde.

Un rato después, papi y Mila llegaron, pero de Carlos ni sus luces.

—¿Dónde está su hermano? —nos preguntó.

—No sabemos.

Sacó del refrigerador una cerveza y se metió en su cuarto, mientras nosotras la ayudábamos a Mila con la cena.

Eran ya las siete de la noche y aún no sabíamos dónde estaba Carlos. Nunca se quedaba tan tarde en el parque.

—¿Vamos a buscarlo? —preguntamos.

Papi negó con la cabeza.

—Ustedes no pueden andar solas por la calle en la noche. Además, su hermano tendrá que vérselas conmigo.

Mago y yo nos fuimos a nuestro cuarto. Mientras yo practicaba con el saxofón, ella se blanqueaba los vellos de su brazo. Ahora que había conseguido trabajo de medio tiempo en una agencia de cobranza, siempre se estaba haciendo algo. Se compró toneladas de maquillaje y todo el tiempo estaba practicando frente al espejo, pero no importa cuánto se pusiera no podía esconder las cicatrices de su cara para sentirse bien.

—Ven aquí, nena, déjame blanquear tus brazos. Son más velludos que los míos —me dijo—. Fíjate que cuando los blanqueas tu piel luce más blanquita—. Luego estiró su brazo para que yo lo viera.

Lo que me salvó fue que en ese momento se abrió la puerta de entrada y corrimos hacia la sala, donde vimos a dos hombres que entraban cargando a Carlos.

—¿Qué pasó? —preguntó Mago y corrió a ayudar. La cara de Carlos estaba pálida y cubierta de sudor. Se quejaba a cada paso que daban los hombres que lo cargaban hasta acostarlo en el sofá.

—Tiene la pierna lastimada —dijo uno de ellos, a la vez que le limpiaba la cara sucia y sudorosa con su playera de fútbol.

—Uno de los muchachos del otro equipo trató de quitarle el balón y le dio una patada en la espinilla, en lugar de patear el balón —dijo el otro hombre—. Tu hermano no tenía espinilleras y creo que tiene rota la pierna.

Les agradecimos a los hombres y se fueron. Carlos hacía un gran esfuerzo para no llorar, pero yo estaba segura de que trataba de hacerse el fuerte para que no lo viéramos.

—¡Te lo dije! —le gritó papi, saliendo de su cuarto—. Te dije que ya no fueras al parque, que no te metieras en problemas, pero no me hiciste caso.

Papi se dio la vuelta para volver a su cuarto.

—¿A dónde vas? —le dijo Mago—. Tienes que llevarlo al hospital.

—No, no lo haré —respondió papi—. Esto le servirá de lección. —Luego entró a su cuarto y azotó la puerta.

Mago y yo nos quedamos viéndonos horrorizadas. ¿Por qué no lo lleva al hospital? ¿Qué tal si su pierna está rota? Volteamos a ver a Mila, que estaba parada en la cocina. Esperábamos que ella nos dijera que sí lo llevaría al hospital, pero no lo hizo. ¿Acaso no siempre era ella quien nos llevaba al doctor? Pero en lugar de eso dijo:

—Voy a tratar de convencerlo —y fue a su cuarto.

Nos sentamos en el sofá al lado de Carlos, que al menor movimiento se quejaba. Nos dijo:

—Me duele mucho, Mago, ya no lo aguanto. —Entonces comenzó a llorar. Yo no recordaba cuándo fue la última vez que lo había visto llorar. Porque aun cuando papi le pegaba él se aguantaba las lágrimas, aunque eso hiciera enojar más a papi y lo golpeara más fuerte.

Mago se levantó y fue a tocarle a la puerta a papi. No sé por qué Mila no había salido.

—No puedes dejarlo así, tiene mucho dolor —le dijo Mago, mientras golpeaba a la puerta, pero no hubo respuesta.

Mago se fue a la cocina para calentar agua. Regresó con una olla de agua caliente, un salero y toallas de cocina. Le puso sal al agua y dijo que eso ayudaría con lo hinchado.

Yo deseaba tener el valor para hacer algo. Llamar a la policía, pedirles ayuda a los vecinos, algo. Mago y yo nos miramos, pero luego volteamos hacia otro lado, avergonzadas por no tener el valor para desafiar a nuestro padre.

Toda la noche nos turnamos para poner toallas calientes en la pierna de Carlos. Le dimos una aspirina y tratamos de que se durmiera. Fue una noche muy larga para los tres. Me acordé de aquellas noches en México, de cómo Mago nos ayudaba a pasar el tiempo contándonos historias de papi, sobre todo esos recuerdos bonitos que la hacían sentir bien. Esa noche, Carlos y yo la mirábamos buscando su apoyo, pero ella no lograba decir nada.

¿Qué nos podía decir?

Pensé en El Hombre Detrás del Vidrio. Cómo quisiera volver con él. En su eterno silencio, él había sido un mejor padre que este con el que ahora vivía.

Al amanecer, papi seguía negándose a llevar a Carlos al hospital.

—No voy a perder mi trabajo por la estupidez de su hermano —nos dijo. Miramos a Mila, rogando que ella se hiciera cargo, pero se hizo la desentendida. No quería ir en contra de los deseos de papi, y los dos se fueron a trabajar.

Con gran pesar en su corazón, Mago también se fue a trabajar.

—Cuando regrese traeré ayuda, lo prometo —dijo.

Hoy era mi último día de ensayos de verano con la banda y Carlos me pidió que no me lo perdiera. Me dijo:

—Ve, yo voy a estar bien.

—No te puedo dejar así —le dije.

En su trabajo, Mago les contó a sus compañeros lo que nos estaba pasando y varios de ellos se ofrecieron para llevar a Carlos al hospital. Llegaron a casa a la hora del almuerzo. Se necesitaron cinco personas para sacarlo, dos agarrándolo de sus hombros y los otros tres cargando sus piernas, cuidando especialmente que la izquierda estuviera inmóvil. El menor movimiento hacía que Carlos llorara de dolor.

Justo en el momento que estaban a punto de meterlo en el carro llegó papi.

—Yo lo llevo —nos dijo, bajando de su camioneta.

—Demasiado tarde —le dijo Mago-. Ahora soy yo quien lo llevará.

—Es mi hijo y yo lo llevaré.

Mago lo miró furiosa y yo creí que se iba a poner a discutir con él, pero se dio cuenta de que Carlos necesitaba llegar al hospital, no importaba quién lo llevara. Les pidió a sus compañeros que subieran a Carlos en la camioneta de papi. Lo acostaron en la parte trasera, para que tuviera su pierna estirada. Miramos cómo se alejaba la camioneta y a mi pobre hermano que hacía una mueca de dolor cuando pasaban por un bache.

Carlos regresó a casa con la pierna enyesada. Se había fracturado la tibia y el peroné.

—Su padre no conoce otra forma de comportarse —nos dijo Mila esa tarde—. Sus padres lo maltrataban y por eso él es así.

No le dijimos nada, pero estábamos hartas de que Mila siempre dijera que lo que hacía papi estaba bien, con excusas que no nos convencían. Entendíamos por lo que había pasado, porque sabíamos muy bien cómo eran nuestros abuelos, pero eso no nos hacía sentir mejor. Si papi sabía lo que se sentía cuando sus papás lo maltrataban, ¡entonces debería entender lo que nosotros sentíamos! ¿Por qué no trataba de ser un mejor papá?

«¿Acaso no regresé por ustedes?». Así se defendía él cuando le reclamábamos algo.

Entonces nos callábamos, y con la cabeza gacha seguíamos aguantando que nos tratara mal. Incluso aquel día en que me rompió la nariz, yo miraba cómo caían las gotitas de sangre sobre mis tenis blancos, una tras otra, y me decía a mí misma que tal vez él tenía razón. No podíamos esperar algo diferente de él. Después de todo, no nos abandonó. Estábamos aquí gracias a él. Yo llegué a este país por él. Había tenido que rogarle para que me trajera y al final lo hizo. ¿Cómo podría quejarme ahora, solo porque las cosas no eran como me las imaginé?

El fin de semana antes de mi cumpleaños fuimos a Raging Waters, como estaba planeado. Mago invitó a su novio, Juan, un muchacho que conoció en la escuela. Era su primer novio «oficial», desde que papi por fin le había dado permiso para salir. Me dijeron que si quería podía acompañarlos, pero yo no quería estar en el medio. Además, Juan no me caía bien. No es que hubiera algo malo con él, sino que ahora Mago ya no la pasaría conmigo. ¡Yo hubiera querido que papi no la dejara tener novio! Pero el próximo mes ella cumpliría diecinueve años y ni siquiera papi podía evitar que creciera. A mí me daba miedo de que algún día ella dejara de ser mi Mago para convertirse en la Mago de alguien más.

Mila y papi también estuvieron juntos ese día, platicando con sus compañeros. Como Carlos todavía tenía su pierna enyesada, no tuvo más remedio que quedarse quieto en un solo lugar, cuidando nuestras cosas. Yo me la pasé sola. Caminé de un lado a otro del parque, tratando de decidir a qué juego subirme. La mayoría de los niños estaban acompañados. Tal parecía que la única persona que estaba sola en Raging Waters era yo.

Después de subirme a varios juegos, decidí volver a donde estaba Carlos.

—¿Por qué no te subes a otros juegos? —me preguntó, y se quedó viendo con ganas a las albercas azuladas que brillaban bajo el sol y a los enormes toboganes que nos rodeaban. Tantos años que habíamos pasado soñando con nadar en La Quinta Castrejón, ¡y ahora que estábamos en un lugar cien veces más bonito no lo podíamos disfrutar!

—Es horrible meterse a nadar sola —le dije.

—Bueno, es más horrible estar como yo —me respondió, levantando una de sus muletas. Entonces, él y yo nos quedamos sentados mirando correr a los niños, mojados, yendo de un juego a otro, riéndose y gritando, hasta que llegó la hora de irnos.

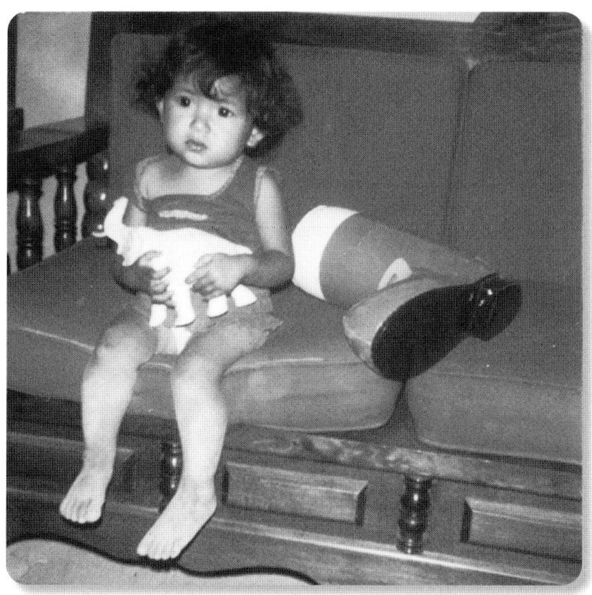

Reyna a los dos años

*Mago, Carlos,
Reyna y mami*

Reyna, Carlos y Mago

Abuelita Chinta
y Betty

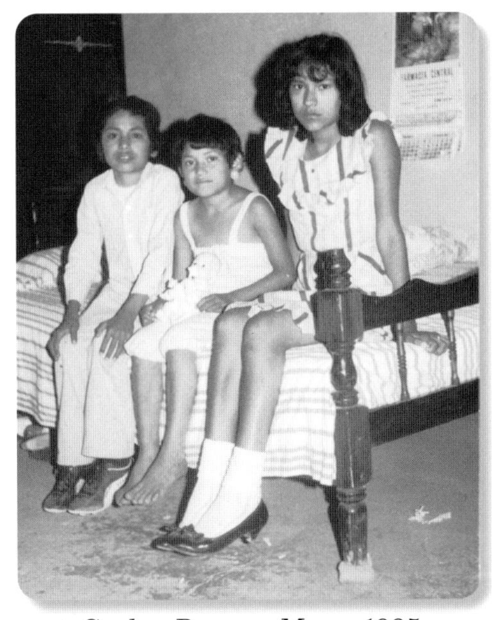

Carlos, Reyna y Mago, 1985

Mago, Reyna y Carlos, recientemente llegados a El Otro Lado, 1985

La primera vez de Reyna, Carlos y Mago, en la playa

Mila y papi

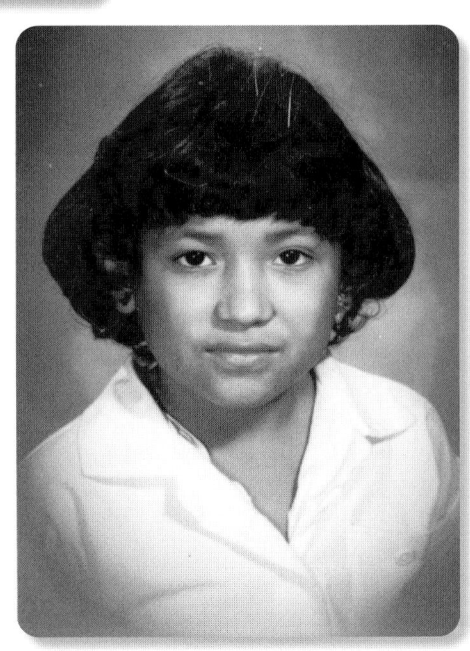

Reyna en quinto grado

Papi en los Estados Unidos

Vagones de carga oxidados en las vías junto a la casa de la abuelita Chinta

De arriba a abajo: Reyna, Mago y Betty

Reyna en la Pasadena City College, 1995

Reyna y Diana en una cena para becarios, 1996

Graduación de Reyna Pasadena City College, 1996

Papi, Reyna y mami en la Quinceañera, 1992

Reyna en la graduación de la UCSC, 1999

17

Luego de que Carlos se rompió la pierna, las cosas no volvieron a ser iguales entre papi y Mago. No era algo que se pudiera ver, pero yo conocía muy bien a mi hermana. Antes, los días que le pagaban, ella llegaba a casa orgullosa y contenta de darle la mitad de su dinero a papi para ayudarlo. Ahora, papi casi le tenía que jalar los billetes de las manos. Mago no quería soltarlos, pero papi no se daba cuenta porque no la conocía como yo.

También, se le habían quitado las ganas de ser la mejor en la escuela para hacer feliz a papi. Aunque era la primera en la familia que iba a *community college*, ya no le importaba ser la «mejor y más brillante» de su clase. En lugar de eso, hablaba sobre conseguir un trabajo de tiempo completo, de comprarse un auto y ropa bonita. Quería salir con sus amigas, que los fines de semana se iban a bailar a las discotecas.

—A papi no le gusta que andes de fiesta en fiesta —le dije.

Ella se encogió de hombros y me respondió:

—A mí no me importa si le gusta o no.

Y así, sin más, aquel padre al que por tanto tiempo esperó en México, ese papá que soñó que sería su héroe, se esfumó ante sus ojos. Por desgracia, a mí no me pasó lo mismo. Yo no podía dejar de querer complacerlo. No podía dejar de querer escucharlo decir que no se arrepentía de haberme traído a Estados Unidos.

Un día de noviembre, caminando con Mago por la calle Figueroa, luego de que ella había pasado a pagar en Fashion 21 unas prendas que había apartado, pasamos frente a las tiendas mirando con deseo los zapatos y la hermosa ropa que vestían los maniquíes. Al pasar por una tienda de vestidos, Mago se detuvo de repente y me jaló hacia el aparador, donde un maniquí lucía el más bello de los vestidos para quinceañera que jamás había visto. Nos quedamos paradas y en silencio, admirándolo.

Me la quedé viendo a Mago, pensando si no se sentía mal por no haber tenido una fiesta de quinceañera. Cuando cumplió sus dieciséis años, papi le hizo una fiesta, aunque no una verdadera quinceañera. La fiesta fue en el estacionamiento del condominio. Mago llevaba puesto el vestido azul de su graduación de la secundaria y el cabello peinado con unos rizos muy bonitos.

Ahora, mientras miraba el vestido del maniquí con un poco de tristeza, me dieron ganas de recordarle a Mago ese momento, de decirle que una fiesta de dieciséis años en un estacionamiento era mejor que no tener ninguna fiesta. Pero no lo hice. Me acordé de esas noches en Iguala, cuando vendíamos dulces con nuestra mamá en La Quinta Castrejón y veíamos a las muchachas con sus vestidos de quinceañeras tan bonitos. Vi en sus ojos la misma tristeza, sabiendo que si en ese momento yo me hubiera visto en un espejo habría encontrado en mí la misma mirada.

—¿Sabes qué, nena? Voy a hacerte una quinceañera.

—De qué hablas. Estás loca —le dije—. Ya cumplí los quince hace un par de meses. Además, ¿de dónde vas a sacar el dinero?

—No lo sé, pero lo conseguiré. Les pediré a mis amigos que sean tus padrinos, y tendrás una quinceañera.

Pensé que mi hermana se había vuelto loca. Las quinceañeras son muy caras y no había manera de que Mago, con su trabajo de medio tiempo, pudiera lograrlo.

Cuando llegamos a casa, Mago comenzó a llamar por teléfono a sus amigos y les contó su plan. A papi no le quería decir.

—Este será mi regalo para ti —me dijo—. No quiero que él tenga que ver con esto.

Yo le insistí que le dijera. Quién quita, y él se podría entusiasmar con la idea. A lo mejor, así podrían volver a tener una buena relación.

Por fin logré convencerla, pero cuando le contó a papi él tampoco le tuvo fe y dijo:

—¡Estás loca! —y no le ofreció ayuda.

Yo traté de no emocionarme mucho con la quinceañera. Sabía que Mago pronto iba a pensar bien y se daría cuenta de que no iba a pasar. Para mi sorpresa, el domingo que fuimos a ver a mami, ella nos dijo que iba a buscar padrinos que ayudaran con los gastos.

—No puedo creer que mami nos va a ayudar —le dije a Mago más tarde.

—Yo sí —me respondió—. ¿Te acuerdas de esas noches en La Quinta Castrejón?

Enseguida me di cuenta que tenía razón. En esas ocasiones, nosotras no éramos las únicas que mirábamos a las muchachas que bajaban de las limosinas luciendo como princesas. Mami también. Ella tampoco había tenido una quinceañera, pero había sido una niña con los ojos plenos de sueños.

No pasó ni siquiera una semana cuando mami llamó para decir que un amigo suyo sería el padrino del pastel, otro se haría cargo del servicio de comida y bebida, y que ella pagaría por la música. Los amigos de Mago ofrecieron ayuda para pagar el salón de fiestas, la misa, el fotógrafo, los arreglos florales y los regalos de quince años. Mago no buscó padrino de vestido porque ella se encargaría de comprarlo. Fijó la fecha para el 2 de mayo, lo cual nos daba un poco más de cinco meses

El entusiasmo de Mago era contagioso. Hasta Carlos quería participar. Se ofreció para ser uno de mis chambelanes y me ayudó a encontrar a mi chambelán, el que bailaría conmigo un vals. También le pedí a mis amigas que fueran mis damas, y por suerte sus familias les dieron permiso.

Mago contrató a una modista profesional para que me hiciera un verdadero vestido de Cenicienta. La parte de abajo tenía una capa tras otra de tul azul. El cuerpo del vestido estaba hecho de satín blanco y las mangas decoradas con moños azules. Parecía una princesa, como siempre lo había soñado.

¡Por fin llegó el día! Allí estaba yo, parada frente a la iglesia de La Placita Olvera, lista para mi misa. Iba a convertirme en una mujercita de verdad ante los ojos de Dios. Lo malo fue que para hacer esta misa tuvimos que mentirle al sacerdote. Mago le dijo al padre que yo había hecho mi primera comunión en México, pero que no teníamos el papel. Él nos creyó y yo me sentí muy culpable por eso.

El órgano empezó a sonar y mi corte, que eran seis parejas, comenzó a caminar de dos en dos hacia la iglesia. Yo me agarré de mi chambelán, que era amigo de mi hermano, un muchacho muy dulce, pero no éramos novios ni nada. Esto era solo para las fotos. Él estaba allí para darme su mano, tomarse fotos conmigo y bailar un vals. Al día siguiente, él seguiría con su vida y yo con la mía. El que me gustaba era mi amigo Axel, el clarinetista de la banda en Franklin. Su familia no lo dejó que fuera mi chambelán. Yo hubiera querido que él estuviera ahí, en lugar de este chico desconocido.

Al entrar a la iglesia, mi corazón comenzó a latir cada vez más fuerte. Mis ojos no dejaban de ver la estatua de Jesucristo que colgaba en la pared. *¡Perdóneme por mi mentira, Jesús!* Me sostuve de mi chambelán y seguimos avanzando por el pasillo. La gente me sonreía y me felicitaba. Papi y Mila estaban a mi izquierda. Mago, Betty, Rey, mami y mi hermanito Leonardo estaban a mi derecha.

Tan pronto llegamos al altar, me arrodillé ante el sacerdote. Desde arriba de su cruz, Jesús me miraba, y mis ojos me comenzaron a arder porque estaba a punto de cometer el gran pecado de tomar la Sagrada Comunión, ¡cuando se suponía que no debía! Volteé a ver a Mago, que estaba sentada en la primera fila. Quería que ella detuviera esto, que le dijera al padre que le habíamos mentido y que esta misa no debía hacerse. Pero ella estaba muy contenta. ¡Ay, mi hermana! ¡Qué orgullosa estaba de lo que había logrado! Me di cuenta de que ella quería que la misa siguiera, sin que nada más importara. Yo no iba a arruinarle la fiesta por la que había trabajado tanto.

El momento esperado llegó cuando empezó la Sagrada Comunión.

—El cuerpo de Cristo —dijo el padre, y puso una hostia en mi boca.

—Amén —repliqué.

La hostia se me pegó en el paladar apenas cerré la boca. Las lágrimas empezaron a salir, mientras la hostia se deshacía, y yo me imaginé que Jesús bajaba del cielo en un rayo de luz, listo para a enviarme derechito al peor de los infiernos, un infierno donde pasaría sola toda la eternidad, sin mi Mago. Era cierto que yo no quería seguir bajo la sombra de mi hermana y su personalidad imponente, pero me daba miedo que no estuviera conmigo y yo me quedara sola. Tener que buscar mi camino en el mundo sin ella a mi lado. *Perdóneme, Jesús. Por favor, no me quite a mi hermana.*

Cuando la misa terminó, salimos de la iglesia para que nos tomaran fotos.

—Nena, sonríe —me dijo Mago, mientras el fotógrafo tomaba una foto tras otra. Pero no pude y en todas ellas aparezco como si estuviera en un funeral.

Mientras íbamos hacía Los Feliz para tomar más fotos al lado de la fuente de Mulholland, que está en la esquina de Riverside Drive y Los Feliz Boulevard, le conté a Mago lo que estaba pensando.

—¡Me voy a ir al infierno! He pecado muy feo —y comencé a llorar, mientras que ella se puso a reír.

—Nena, esas son tonterías. Primero que nada, el diablo y el infierno no existen. Esos son puros cuentos de la abuela Evila para espantarnos.Vamos, ¿cuándo vas a dejar de creer en eso? Usa tu imaginación para otras cosas. En segundo lugar, si el infierno existe, entonces ya estamos viviendo en él.

Me secó las lágrimas y me dio un abrazo. A partir de ese momento sonreí en todas las fotos y dejé de sentir miedo de ser castigada por mentirle al sacerdote.

* * *

La fiesta fue en el Templo Masónico de la calle Figueroa. Todos mis deseos se hicieron realidad esa noche. El deseo de tener a mi papá y a mi mamá juntos en el mismo lugar. Alli estaban, aunque en lados opuestos del salón. Mi madre iba de un lado a otro, ayudando a servir la comida a los invitados. Llevaba un vestido negro lleno de lentejuelas. Hasta se había peinado en un salón de belleza. Nunca la había visto tan elegante. Al otro lado del salón estaba mi papá, vestido con una camisa de mangas largas y corbata, sentado junto a Mila. Ella tomaba un refresco, mientras mi padre bebía una cerveza tras otra.

El fotógrafo los llamó para que se acercaran y nos tomó varias fotos. Primero me tomó una con mami y luego otra con papi. Cuando él se alejaba, lo tomé del brazo y le pedí que nos tomáramos una juntos, yo en medio de los dos.

Por fin llegó el momento del vals donde yo tenía que bailar con mi papá, pero no sentí esas poderosas emociones que pensé que sentiría cuando llegara a bailar con él. Mi corazón no latía con fuerza, mi cabeza no me daba vueltas. No sentía nada. Olía el alcohol en su boca y me daba tanto asco que me la pasé alejándome de su cara. Todo el tiempo mis ojos buscaban a mi hermana, que estaba parada en la puerta, mirándome con orgullo. Entonces, me di cuenta de que este vals lo debí haber bailado con ella.

18

Desde que le dieron sus papeles, mami iba a México cada año. Sacaba a Leonardo y Betty de la primaria y se los llevaba. Rey se quedaba en Los Ángeles porque tenía que atender su puesto en el mercado de pulgas, donde vendía cosméticos.

Mago, Carlos y yo todavía no habíamos regresado a Iguala. Cuando la tía Emperatriz le robó a mi papi su casa, él dijo que no volvería jamás.

—¿Para qué? No tengo nada que hacer allí —decía, y nunca nos llevó para visitar nuestra tierra.

Pero un día Mago me sorprendió cuando anunció que quería ir a México con mami. Pensé que era porque extrañaba a nuestra familia y al lugar que alguna vez llamamos nuestro hogar. Pero Mago más bien quería ir para acompañar a su mejor amiga, Gaby, a pasar vacaciones en Acapulco, que está a tres horas de Iguala.

—Te voy a acompañar a Iguala solo por unos días y luego me voy a Acapulco a encontrarme con mi amiga —le dijo Mago a mami, cuando estaban en la agencia de viajes.

Mago se había comprado recientemente un Toyota Tercel.

El carro olía a plástico nuevo y a coco. Me dio tristeza cuando me enteré lo que le había costado. Fue dedicando menos y menos tiempo a la escuela. Un carro nuevo era una gran deuda mensual. Poco después de comprarlo, Mago había conseguido un trabajo de tiempo completo vendiendo anuncios para un periódico. Además, todavía debía mucho de la ropa y los lindos zapatos que se compró. Parecía como si quisiera desquitarse por todos esos años en que solo nos poníamos harapos. Yo la acompañaba a May Co., Robinson's y la Broadway para hacer los pagos con su tarjeta de crédito, pero nunca podía terminar de pagar sus deudas.

Me decía:

—Estoy harta de esa ropa para viejitas que nos trae Mila de su trabajo. Yo quiero vestirme a mi manera. —Miró su cabello, teñido de un color café oscuro con rayos dorados, y agregó—: Jamás volveré a vestirme con ropa de segunda mano.

Si sus amigos en México la vieran ahora ¡ni la reconocerían! A veces a mí también me costaba reconocerla. Mi hermana se estaba volviendo una muchacha con mucha clase. Pero la tarjeta de crédito y el préstamo para el carro terminaron por llenarla de deudas y Mago tuvo que dejar la universidad para ponerse a trabajar todo el tiempo.

Cuando estábamos con el agente de viajes, Mago me sorprendió:

—¿Quieres ir, nena?

—¿Cómo, si no tengo dinero? —le respondí.

—Ya lo sé —me dijo, haciendo un gesto con sus ojos—. Te estoy ofreciendo pagar tu boleto. ¿Quieres ir o no?

Me toqué el ombligo, algo que no había hecho en mucho tiempo. Las ganas de volver a mi país seguían allí, aunque me avergonzaba darme cuenta de que cada vez eran menos. Pensé en todas las deudas de la tarjeta de crédito que tenía Mago, el pago mensual de su carro, lo que debía del teléfono que puso en nuestro cuarto, el dinero que tenía que darle a papi para los gastos de la casa. Me acordé de los préstamos de la escuela, que tenía que pagar aunque ya no estudiaba.

—No sé —le respondí. Tenía muchas ganas de ir, pero no quería hacerla gastar más dinero. Prefería que lo usara para regresar a la escuela.

—Yo sé que tú quieres ir —me dijo, y le dio su tarjeta de crédito al agente de viajes para comprar nuestros boletos.

Unas semanas después, Mago, mami, Leonardo, Betty y yo nos fuimos a México. Carlos no pudo ir con nosotros por todo lo que ahora tenía que hacer como jefe de familia. Igual que Mago, había dejado la escuela hacía menos de un año para casarse. No le daba tiempo de estudiar porque tenía dos trabajos.

—Reyna no puede ir contigo —le dijo papi a Mago cuando llegamos a casa—. ¿Estás loca? Tu hermana no puede perder toda una semana de escuela.

—Bueno, pues vas a tener que dejarla ir. No puedo regresar los boletos y me costaron muy caros —le dijo Mago.

Me sentía mal porque iba a perder las clases. Podía contar con una sola mano las veces que no había ido: en quinto grado, cuando tenía piojos; en séptimo grado, cuando me dio varicela; en octavo grado, cuando tuvimos que ir a la Embajada de Estados Unidos en Tijuana para hacer los papeles de nuestra residencia legal; y ahora, en mi último año de la prepa.

—Por favor, papi, déjame ir. Extraño México. Extraño a mi abuelita.

—¡Dije que no! —me respondió—. Primero fue tu hermana la que dejó la escuela, luego tu hermano hizo lo mismo y ahora tú quieres faltar toda una semana. Tal parece que no han entendido nada. Son unos desagradecidos. Venir a este país ha sido lo mejor que les ha pasado en la vida. Hay gente que sería capaz de matar con tal de tener papeles, y mírenlos a ustedes, desperdiciando esa oportunidad.

Me sentí avergonzada, pero no me di por vencida porque quería que me dejara ir. Al final aceptó, cuando regresé a casa con las tareas que me dejaron los maestros para no atrasarme durante mi ausencia. No me gustaba perderme las clases ni quedarme sin el certificado de puntualidad, pero ¡estaba muy emocionada de volver al lugar donde nací!

* * *

No sabía qué esperar de mi regreso a México. Ya tenía diecisiete años y llevaba ocho viviendo en Estados Unidos. Ya no era esa niñita pobre que había nacido en una casita de palos y cartón. Había cambiado, aunque no tanto como Mago.

Cuando llegamos a Iguala y por fin estábamos cerca de la casa de mi abuelita Chinta, cruzamos por el puente que pasaba sobre el río donde se ahogó mi prima Catalina. Aunque ahora ya no era un río sino un basurero. Casi no tenía agua. Apenas un chorrito.

—¡Qué asco! —dijo Mago, cuando el apestoso olor de agua podrida nos pegó en la cara.

Cruzamos por la estación de trenes y me sorprendió tanto verla tan vacía.

—¿Dónde están los vendedores? ¿Dónde están los viajeros? —le pregunté al taxista.

Él nos contó que un año antes el Gobierno había vendido su sistema de trenes y por eso ya no había tren en Iguala. Ya no había pasajeros que llegaran todos los días, y por eso ya no había vendedores ni puestos de comida con ese delicioso aroma de las quesadillas de pollo. A las personas como mis tíos, que dependían de los trenes de carga para ganarse la vida, les costó mucho sobrevivir.

Mientras íbamos por el camino, al ver la estación de tren vacía, se me llenaron los ojos de lágrimas y pensé en todo lo que Iguala había perdido.

Como veníamos cargadas de maletas, el taxista tuvo

que llevarnos hasta la casa de mi abuela, en lugar de dejarnos en la carretera. Se metió por el camino de tierra, lleno de baches y piedras.

—¡Ay, Dios mío! —dijo Mago, agarrándose como podía por las sacudidas del carro—. ¡Qué calles tan feas! Seguro que aquí se arruinaría mi carro.

Mi corazón comenzó a latir muy fuerte apenas llegamos a la casita de mi abuela. Al verla, con sus paredes de palitos, su techo de metal y sus láminas de cartón, me quedé boquiabierta. ¿En verdad yo había vivido aquí?

A unos cuantos pasos de la casa, en las vías, había un vagón de tren abandonado. Cinco niños jugaban dentro. Al verlos, tan descuidados, descalzos, el pelo sucio y la ropa rota, me imaginé que así debió habernos encontrado nuestro padre hace muchos años cuando regresó. ¿Se le rompió el corazón al vernos así?

La tía Güera y la abuelita Chinta salieron para recibirnos. Mi tía vivía en una casita al lado de mi abuela. Ella había regresado a México pocos años antes porque no le gustó vivir en Estados Unidos. Tenía en sus brazos a una bebita. Luego volteó a ver a los niños que jugaban en el vagón abandonado y gritó los nombres Lupita y Ángel. Un niño y una niña se levantaron y vinieron corriendo.

—Saluden a sus primas y a su tía —les pidió la tía Güera.

La cara de mi abuela tenía más arrugas, su pelo estaba más blanco y había perdido más dientes. Pero cuando me abrazó, respiré su aroma de aceite de almendras y hierbas. ¡No podía creer que estaba otra vez en los brazos de mi abuelita! Su olor era todo lo que necesitaba para saber que había llegado a casa.

—He rezado mucho por este momento —dijo la abuelita Chinta, abrazándome muy fuerte—. Por fin Dios escuchó mis oraciones.

Yo medía metro y medio. Como estaba acostumbrada a mirar hacia arriba, me sentía rara al bajar los ojos para ver a mi abuelita, tan pequeñita. ¡Ella estaba más chaparrita que yo! Qué chiquita y frágil me parecía ahora.

Entramos a su choza para comer lo que la abuelita Chinta nos había preparado, y poco después de sentarnos, Mago empezó de nuevo con las quejas.

—Miren cómo quedaron mis zapatos, llenos de tierra, caramba.

—Ya párale, Mago —le dije, pensando en los pies de mi abuela. ¿Había visto Mago que estaban llenos de tierra y tenían mugre en sus uñas? La abuelita Chinta le dio un trapo para que se limpiara los pies y los zapatos.

Después de la comida llegó el tío Gary, seguido por sus hijos. Me sorprendió mucho ver lo flaco que estaba. Traía un mecate amarrado en su cintura para que no se le cayeran los pantalones. De sus cuatro hijos, el más chico estaba muy enfermo y mi tío no tenía dinero para el doctor.

—¿Por qué no te vas a El Otro Lado, Gary? —le dijo mi madre—. Para que le des a tus hijos una vida mejor. Tendrías para el doctor.

Mi tío dijo no con su cabeza.

—Seremos pobres, pero estamos juntos.

Yo pensé en mi papá y en la decisión que tomó de irse a El Otro Lado, y en todo lo que nos costó esa decisión. ¿Tenía razón mi tío? ¿Era mejor ser pobres y estar juntos? ¿O buscar una vida mejor, aunque la familia no pudiera estar junta?

Si papi no se hubiera ido y luego venido por nosotros, yo todavía estaría aquí en la pobreza y no en la prepa, sin esperanzas de ir a la universidad más adelante. Papi tenía razón. Gracias a él, mis hermanos y yo tuvimos una oportunidad de esas que no se repiten. ¿Cómo la íbamos a desperdiciar? Cuando veía a mis primos con sus ropas rotas, descalzos y con sus panzas llenas de lombrices, pensaba en mi papá y podía entender lo que él quería para nuestro futuro.

Aproveché mi viaje a Iguala para buscar a mis amigas, a las que hacía mucho no veía. ¡Algunas ya estaban casadas y con hijos! Otras seguían viviendo con sus padres y trabajaban como sirvientas, en una fábrica cercana o vendiendo dulces por la calle. Pero todo había cambiado. Cuando vienes de Estados Unidos la gente te mira y te trata diferente.

Los muchachos de la colonia me miraban como si quisieran casarse conmigo para que me los llevara a El Otro Lado. Mis amigas no me invitaban a sus casas, como antes. Ahora, se quedaban paradas afuera conmigo tapando con su cuerpo la entrada, y yo me daba cuenta de que les daba vergüenza. No me ofrecían nada de tomar ni de comer, porque no tenían ni para ellas mismas. Me hablaban muy poquito de sus vidas, porque no querían compararla con la mía, ahora que yo estaba viviendo en ese hermoso país que todas ellas anhelaban.

Me sentí muy incómoda con mi amiga Meche. Ella tenía diecisiete años como yo. Paradas frente a su casita de palos, no sabía qué decirle. La veía abrazar a su bebe, tratando de limpiar con su blusa la tierra y los mocos de su carita. Ella solo miraba hacia los huizaches que estaban detrás de mí.

Quería demostrarle a Meche que yo seguía siendo la misma Reyna, pero no sabía cómo hacerlo. En Estados Unidos, los únicos con los que hablaba en español eran mi mamá, mi papá y a veces Mila. Con todos los demás hablaba en inglés. Pero aquí, mientras trataba de hablar con Meche, no encontraba las palabras en español. Ella se reía y me decía que estaba hablando como una pocha, como si ya me sintiera de Estados Unidos. Me dio pena darme cuenta de que al aprender el inglés me estaba quedando sin mi español.

Fue una plática muy incómoda. Traté de hablar de cosas que no fueran la escuela, la banda de música, mis cuentos, los libros y la universidad a la quería ir. Ya no era la niña que hacía tortillas de lodo y soñaba que algún día sus papás regresarían. ¿De verdad había cambiado tanto?

Mientras me alejaba de la casa de Meche, me di cuenta de que había perdido algo cuando me fui de Iguala. Aunque mi cordón umbilical estaba enterrado allí, ya no me veían como una mexicana. Para todos los que me vieron crecer, yo ya no era una de ellos.

—¿Dónde estabas? —me preguntó Mago tan pronto regresé. Estaba parada en la puerta, esperándome—. Yo soy quien te trajo, acuérdate. No puedes hacer lo que se te dé la gana. Hoy me voy para Acapulco. Estoy harta de este lugar. Además, ¿ya viste qué hora es?

—Quería visitar a mis amigas antes de irnos —le dije.

Ella señaló hacia las casitas que estaban del otro lado del canal, donde vive Meche, y me dijo:

—No sé por qué quieres estar allí con esa basura.

—¿Qué quieres decir con «basura»? —le pregunté— ¿Ya se te olvidó que de allí vienes? —Estaba tan enojada que le di un empujón.

—Solo porque viví aquí no quiere decir que tengo que seguir siendo amiga de esta gente —me respondió con otro empujón—. A ver si ahora se atreven a decirme «huerfanita».

—Eres una creída —le dije, empujándola aún más fuerte.

De repente, Mago y yo estábamos jalándonos de las greñas y cayendo al piso.

—¡Reyna, Reyna, deja en paz a tu hermana! —me gritó mami.

Pero yo no podía controlarme. En ese momento, no sabía por qué estaba tan enojada con mi hermana. ¿Cómo podía olvidarse de este lugar, y de nuestras amigas que no podían escapar de la pobreza como lo hicimos nosotras?

Luego entendí que estaba enojada porque Mago dejó la escuela y estaba desperdiciando su oportunidad de una vida mejor. Entendí que, por nuestros familiares y amigos, teníamos que hacer algo con nuestras vidas, porque ellos nunca tendrían esas oportunidades. Papi nos había dicho que mucha gente en el mundo se moriría por tener lo que nosotras teníamos, como las *green cards* que por suerte conseguimos. ¡Me enojaba mucho que Mago no lo viera así!

—¡Basta, basta! —dijo mami, y solté a Mago.

Ella me miró como si no me reconociera. Me metí corriendo a la casa de mi abuelita, llorando y avergonzada. Por primera vez le había pegado a mi hermana.

Me sentía muy triste porque a Mago ya no le importaba Iguala. Ella ya no veía este lugar como su casa. Su hogar ahora era Estados Unidos. A diferencia de mi, ella no tenía acento cuando hablaba inglés. Ahora ya entendía por qué. Hasta en su manera de hablar, trataba de borrar a México por completo.

Yo no sé si podría hacer eso, o si quisiera.

19

Pocas semanas después de que regresáramos de México, Mago dijo:

—Gaby y yo estamos buscando un apartamento para nosotras.

—¿De veras? —le pregunté, apartando los ojos de la televisión, donde veía *Ana, la de Tejas Verdes*, en el canal de Disney—. No me vas a dejar, ¿verdad?

Ella me aventó una almohada.

—¿Cómo puedes pensar eso? Claro que te voy a llevar. Nos vamos de aquí, a otro lugar donde por fin vamos a ser felices.

Le aventé de regreso la almohada para que no se diera cuenta del alivio que sentía al oírla. Sabía que me había perdonado por la pelea que tuvimos en México. Me dijo que lo entendía, aunque llegué a pensar que se iría sin mí.

Seguí viendo en la tele a Anne Shirley y sus aventuras. Yo quería ser como ella: fuerte, aventurera, bonita e inteligente. Quería tener su imaginación y su manera de hablar. Pero, sobre todo, quería vivir en un lugar bonito como el suyo. Anne había perdido a sus padres cuando era una bebita, y tuvo una niñez difícil. Pero tuvo suerte al ser adoptada por una familia que la dejó ser como ella quería, que la amaba y se alegraba de sus logros, y que nunca dudaban en decirle lo orgullosos que estaban de ella.

A veces, me imaginaba que a mí también me adoptaba alguien que se sintiera orgulloso de mis logros, como el más reciente: ser elegida como líder de la banda de música en mi escuela. Yo me encargaba de organizar las formaciones para la música que el señor Quan había escogido. Dirigí la banda que ganó el segundo lugar en una competencia. También la dirigí en el desfile de Navidad de Highland Park, en la calle Figueroa. Pero mi papá no fue a verme, aunque desfilamos muy cerca de nuestra casa.

Yo tenía celos de Anne porque ella sí tenía a alguien que valoraba hasta el más pequeño de sus logros, y yo no.

Pasaron las semanas y no sabía nada del apartamento. Ese semestre de primavera me apunté en atletismo. A mí no me gustaba correr, pero a Mago sí. Los fines de semana íbamos a Franklin para dar vueltas al campo de fútbol americano y ella siempre me dejaba atrás. Yo pensaba que si entrenaba todos los días en la escuela, podría ser tan rápida como mi hermana. Bueno, el atletismo no me hizo más rápida, ¡pero sí me ayudó a conseguir novio!

Se llamaba Steve. Tenía los ojos color avellana y unos

hoyitos en sus cachetes. Si Mago rentaba un apartamento muy lejos de la Franklin, yo tendría que cambiarme de escuela y nunca más volvería a ver a Steve o a la Franklin, aunque ya estaba en mi último semestre. Pero yo seguiría a mi Mago hasta el fin del mundo y dejaría a Steve, no importaba lo guapo que fuera.

Una semana después, Mago dijo que ella y Gaby habían encontrado un apartamento en La Habra. Yo no sabía dónde quedaba eso ni qué tan lejos estaba de la escuela, pero antes de decirle que cualquier lugar me parecía bien, ella me dijo:

—Nena, no voy a poder llevarte conmigo.

Me senté en mi cama y me quedé viendo mis pies, sin saber qué decir. Me acordé de mi quinceañera, de la Sagrada Comunión que no debí recibir. *Ya llegó, el Día del Juicio Final ya está aquí. Por favor, diosito, no se lleve a mi Mago. Dios, castígueme de otra manera, si lo merezco, pero no se la lleve.*

—¿Por qué? —fue lo único que pude decir.

—El administrador no deja que haya más gente en el apartamento. Gaby tiene a su hijo y su tía vivirá con nosotras para cuidarlo. Conmigo seremos cuatro.

—Pero tú y yo podemos compartir un cuarto, ¿no?, como siempre.

—Pues sí, pero no dejan que haya más de cuatro personas en el apartamento. —Se levantó de la cama y se acercó para sentarse a mi lado—. Además, nena, te faltan dos meses y medio para que termines la preparatoria. No estaría bien que dejaras la escuela en este momento para irte a otra. Lo siento, nena. De verdad que quería que te fueras conmigo.

—Entonces no te vayas —le dije, apretando su mano—. Como tú dices, ya casi termino la escuela y en junio podría comenzar a buscar un trabajo. Así podríamos rentar un lugar juntas.

Ella negó con su cabeza.

—Ya no aguanto seguir aquí. Siento que me voy a volver loca. Quiero vivir mi vida en paz. Hacer lo que quiera sin tener que darle explicaciones a nadie.

Pensé en su nuevo novio, Víctor, a quien conoció en su trabajo. A ella le molestaba mucho que papi casi no la dejara salir. Ahora que Carlos estaba casado y se había ido de casa, papi se había vuelto más estricto con nosotras. Yo sabía que Víctor era una de las razones por las que Mago estaba desesperada y quería irse. Al igual que Carlos, ella también estaba enamorada, demasiado enamorada como para aguantar todas las cosas que papi no nos dejaba hacer y sus reglas de la casa. Pero ¿por qué no esperaba a que me graduara y así nos íbamos juntas?

Me abrazó y así nos quedamos durante un buen rato. No quería decirme cuándo se iría y yo no le quise preguntar. Tenía la esperanza de que, tal vez, las cosas pudieran cambiar.

Pocos días más tarde le dio a papi la noticia, y supe que era en serio. ¡Mago se iba!

—¡Eres una hija desagradecida! —le gritó él—. Después de todo lo que he hecho por ti, ¿es así como me pagas?. —Luego le dijo que lo que ella buscaba era poder salir con todos los hombres que pudiera sin que nadie le dijera si lo que hacía estaba bien o mal. Golpeó la mesa con su puño y se levantó—. Si te vas de esta casa, será como si hubieras muerto para mí. Nunca más te voy a querer ver.

Mago no dijo nada. Nos quedamos en la cocina un buen rato después de que papi se fue.

—¡No te vayas, Mago! —le pedí, apretando su mano—. Quédate conmigo.

Todos los días, al regresar de la escuela, me preguntaba si ese sería el día en que se iría. Pero por la noche, Mago volvía a casa como siempre. Papi no le hablaba, pero a la segunda semana todo parecía normal. Mago no volvió a mencionar nada y papi volvió a hablarle. Es más, fuimos a comer todos juntos al restaurante favorito de papi, La Perla, en el Este de Los Ángeles, porque yo había recibido la mejor noticia de mi vida: ¡me habían aceptado en la Universidad de California Irvine!

—Estoy muy orgullosa de ti, nena —me dijo Mago, abrazándome.

—Yo también —me dijo Carlos.

Papi no dijo nada por el estilo, pero el que nos llevara a su restaurante favorito decía mucho, sobre todo porque casi nunca nos llevaba a ningún lado. Allí estábamos sentados escuchando al mariachi. Yo canté con él «Volver, volver». Su sonrisa me hacía sonreír. Nada lo ponía más feliz que escuchar las canciones de Vicente Fernández. Mago, Carlos y yo cantamos al mismo tiempo, y yo me perdí mirando los bonitos murales de La Perla. Así es como quería que fuera mi familia, siempre unida.

Dos días más tarde, cuando llegué a casa, encontré mi cuarto vacío.

La ropa de mi hermana ya no estaba. Solo dejó el *shorts* que me prestaba. ¿Era su regalo de despedida? Me tiré en su cama y me quedé allí mucho tiempo. ¡No podía creer que se había ido sin decirme adiós! Como mi mamá, que se fue con el luchador sin despedirse, Mago no quería verme llorar. Pensó que así era mejor. ¡Pero para mí era peor encontrarme con un ropero vacío! Era mejor despedirme de ella y verla partir.

De repente, la puerta de la entrada se abrió. Mi papá había llegado y yo todavía no había limpiado. Corrí a la cocina para lavar los platos. Mis manos temblaban mientras los enjabonaba y los ojos me ardían de tanto llorar.

Mi papá entró a la cocina y agarró una cerveza del refrigerador sin decirme nada. Era normal que no me hiciera caso, y eso era mejor, porque cuando lo hacía era solo para insultarme o regañarme por cualquier cosa. Pero ese día yo tenía que hablar, y no sabía cómo decirle que Mago se había ido. Esperé que le diera un trago a su cerveza y antes de que se metiera en su cuarto, le solté la noticia.

—¡Mago se fue! —grité.

—¿Qué dices? —Se volvió para mirarme. Yo cerré la llave de agua y me sequé las manos.

—Que Mago se ha ido.

Entró a mi cuarto y se paró en medio, justo como yo lo había hecho un rato antes. Miró el ropero vacío, los cajones de la cómoda, los pósters de Mago en la pared, las únicas señales de que alguna vez había vivido allí.

—No tienes permiso de volver a ver a tu hermana —me dijo—. Si ella quiere irse, que se vaya. Pero tú no la volverás a ver.

¿Qué quería decir con eso? No lo entendía.

—Después de todo lo que he hecho por ella ¿así es como me paga? —preguntó.

Yo me quedé quieta. El miedo no me dejaba hablar.

—Si ella quiere irse de viciosa, entonces para mí está muerta —dijo. Luego habló de Carlos, de lo decepcionado que estaba de él, y ahora de Mago. Me miraba como si también se sintiera decepcionado de mí, aunque yo todavía estaba aquí, junto a él.

Traté de decirle que yo sería diferente, que ya entendía que por él escapamos de la pobreza. Que yo sabía por qué él era tan estricto en cuanto a la escuela. Quise decirle que yo haría lo que Mago y Carlos no pudieron hacer. Que yo iría a la universidad y me graduaría. Que yo sería alguien de quien él pudiera sentirse orgulloso.

Pero él me respondió:

—Y tú, olvídate de ir a esa universidad. También vas a fracasar, como ellos, así que ni te molestes—. Luego se fue.

—¡No, papi, por favor! —le rogué.

Pero él cerró de un golpe la puerta de su cuarto.

Regresé a mi cuarto. Un cuarto que ahora era solo mío. *Él no hablaba en serio,* me dije a mí misma. *Está enojado con Mago y mañana cambiará de opinión. Él sabe muy bien lo que es importante para mí y para la familia. Me dejará ir.*

Me metí debajo de las cobijas de la cama de Mago y hundí mi nariz en su almohada, en busca del olor de su perfume favorito, Beautiful, de Estée Lauder. Pensé en mi abuelita Chinta, en mi mamá y ahora en mi hermana. El vacío dentro de mí se agrandó al darme cuenta de que la persona que más quería se había ido.

20

Ahora que Mago y Carlos se habían ido, el apartamento de tres cuartos se sentía demasiado vacío. Mi padre nos hizo cambiarnos al de dos cuartos, que estaba arriba, para rentarle el de tres a mi prima Lola y a su familia. Me compró una cama grande y se deshizo de las dos camas individuales donde Mago y yo habíamos dormido. ¡Eso me gustó! La ausencia de mi hermana era más fácil de aguantar si ya no tenía que ver su cama vacía. Ya no había nada en ese cuarto que dijera que estuvimos juntas. Ahora era solo para mí.

No tenía a nadie más que a mi novio, Steve. Y ya no necesitaba esconderme de mi papá por tener un novio. Él ya sabía de Steve. Se lo dije porque ya no me importaba lo que me dijera. Si ya me había quitado a Mago, si ya me había dejado sin ir a la universidad, ¿qué más me podía quitar?

Para mi sorpresa, mi papá me dejó tener novio. Me dijo que ya era una jovencita de diecisiete años.

—Cuídate y no me pongas en vergüenza —me dijo.

El que mi papá me dejara tener novio me dio esperanza otra vez. Si lo convencí para que me aceptara eso, ¿podría convencerlo de que me dejara volver a ver a Mago?

El baile de graduación se acercaba y Mago se ofreció a llevarme a comprar mi vestido. Quería pedirle a mi papá permiso para verla, pero cuando estaba a punto de hacerlo me arrepentí. Si me decía que no, me quedaría sin vestido. Si no tenía vestido no podría ir al baile. Por eso no me arriesgué.

Me escapé de la casa para encontrarme con Mago en un callejón cercano. Le dije a papi que iría a hacer ejercicio al parque Sycamore Grove. Esa era una de las ventajas de ser una atleta. Tenía un motivo para salir de casa. Mago me llevó a la plaza comercial para comprar el vestido para el baile.

Qué contenta estaba de volver a ver a mi hermana y hacer lo que las hermanas hacen todo el tiempo: irse de compras. Por un momento olvidé que no tenía permiso de andar con ella. Me imaginé que las cosas eran como antes, mi hermana y yo juntas. Me sentí como cualquier adolescente. Lo único que me preocupaba era qué me iba a poner para el baile.

—¡Qué gusto me da verte, nena! —me dijo—. Te he extrañado.

—Yo también —le contesté.

Me probé uno y otro vestido, pero a Mago no le gustaban y me trajo otro. ¡Nunca en mi vida me había probado tantos vestidos!

—Te ves gorda. Te ves chaparra. Tu piel se ve muy amarilla. ¡Qué asco, pareces una viejita! —me iba diciendo con cada vestido que me probaba.

Por fin encontré uno que nos gustó a las dos. El vestido era de terciopelo color vino y se abría al costado. No era de los caros porque Mago lo pagaría y yo no quería que gastara mucho dinero. Era sencillo y su color vino combinaba muy bien con mi piel morena y mi cabello negro.

Mago me llevó a casa y me dejó en el callejón a media cuadra.

—Vendré el día del baile para arreglarte, ¿sí? —me dijo.

—De acuerdo. Gracias por el vestido, Mago. Eres la mejor —le dije, abrazándola. Miré alrededor para asegurarme de que papi no anduviera por ahí. Me mataría si nos descubría. O, peor tantito, no me dejaría ir al baile de graduación.

—Vas a ver que cambiará de opinión —me dijo—. No puede tenernos separadas y yo no quiero esconderme como si fuera una criminal. Tú eres mi hermana y tengo derecho a verte.

—Ojalá —le dije, mientras me alejaba y pensaba en todas las veces que le pedí permiso a mi papá para que me dejara verla y siempre me decía que no.

* * *

El día del baile Mago cumplió su promesa y llegó al atardecer para arreglarme. Papi estaba viendo la tele. Le pedí a Mila que le dijera que fui a la tienda por espray para el cabello, por si preguntaba. Ella sabía que Mago me estaba esperando y me daba gusto que lo entendiera. Era un día muy importante para mí y necesitaba a mi hermana.

De nuevo me encontré con Mago en el callejón. Ella trajo todas sus cosas para el cabello y maquillaje. Nos acomodamos en el asiento de atrás de su carro. Cuando me empezó a peinar, de repente se enojó.

—¿Por qué carajos tengo que hacer esto en el carro? —me dijo, batallando con el poco espacio que había. Trataba de apurarse porque en cualquier momento papi se podía dar cuenta de que no estaba en casa y comenzaría a preguntar por mí.

Cuando me roció con espray me mareé. Tuvimos que abrir las puertas del carro para que se despejara el aire.

—¡Apúrate! —le dije, comiéndome las uñas al imaginar que mi padre me buscaba, tocaba a la puerta de mi cuarto y, al abrirla, se daba cuenta de que yo no estaba ahí. ¿Y si Mila le dijo dónde estaba? No ir al baile era lo peor que podría suceder. Por primera vez sentí que hacía las cosas que cualquier muchacha haría.

—Listo —me dijo—. Eso es lo mejor que puedo hacer por ahora.

Me vi en el espejo del carro. Mago me hizo un chonguito con mi pelo y unas trenzas que se enredaban en él como una corona.

—Guau, tú sí que haces milagros —le dije.

—Muy bien, ahora el maquillaje.

—Apúrate —le dije—. Nos van a descubrir.

Cuando terminó ya no tuve tiempo de mirarme en el espejo. Me bajé del carro y comencé a correr a casa.

—¡Gracias! —le grité. *Espera, ¡ni siquiera me despedí!* Regresé corriendo, le di un abrazo y me marché a toda prisa.

—¡Diviértete! —me dijo.

Cuando llegué a casa y subí por las escaleras, por suerte solo encontré a Mila en la cocina y me dijo que mi papá estaba en su cuarto.

—¿Cómo está tu hermana? —me preguntó.

—Está bien —le respondí, y corrí a mi cuarto, sin que papi me viera.

Me miré en el espejo. Mi hermana tenía magia en las manos. Era muy buena para arreglar el cabello y para maquillar. La muchacha del espejo no se parecía a mí. Más bien se parecía a Mago y estaba igual de bonita que ella. Me maquilló como se maquillaba ella. Al verme, sentí que estaba aquí conmigo.

Me puse mi vestido color vino y mis tacones, arreglándome una vez más mi chongito mientras esperaba a Steve. Él llegó en el carro de su madre, una vieja carcacha color caca de bebé. Me había prometido que pasaría por mí en el Corvette blanco de su vecino, y yo imaginé que aparecería como un príncipe en su caballo blanco.

—No me prestaron el Corvette. Discúlpame —dijo—. ¡Te ves muy hermosa! ¡Guau!

—Gracias a mi hermana —murmuré.

Mila salió y nos tomó fotos antes de irnos. Steve me apretó con fuerza. No podía quitarme los ojos de encima. Mi padre no salió de su cuarto. Era mi noche de baile de graduación, pero a él no le importó y ni siquiera me saludó.

Steve me abrió la puerta del carro y me eché a reír. Era la primera vez que alguien me abría la puerta, como lo hacen los hombres en las películas de antes. Steve lucía muy guapo con su esmoquín negro y su corbata de moño. Sus ojos color almendra y los hoyitos en las mejillas me volvían loca.

Aunque el carro era viejísimo, hacía mucho ruido y llenaba de humo la calle mientras avanzábamos, yo me hacía a la idea de que íbamos en el Corvette.

En el baile, todas mis amigas me chuleaban mi peinado y mi maquillaje. Querían saber a qué salón de belleza había ido. Yo no les dije que me habían peinado adentro de un carro estacionado en un callejón lleno de basura que olía a orines. Solo les dije que mi hermana se había encargado de todo.

—¡Qué suerte tienes! —me decían.

Steve y yo bailamos horas y horas. Yo no quería que esa noche terminara. Quería quedarme entre sus brazos, sobre esa hermosa pista de baile, rodeada de candelabros de cristal y luces como en las discotecas.

Después del baile, Steve quería que fuéramos con sus amigos a la playa. Pero el carro no prendía. Una y otra vez lo intentó, pero nada. Abrió el capó y revisó, pero como no sabía nada de mecánica, no pudo hacer otra cosa más que mirar.

—Me parece que es la batería —nos dijo uno de los muchachos del estacionamiento. Entonces le pedimos a alguien que nos pasara corriente y nos sentamos a esperar mientras los amigos de Steve comenzaron a irse en sus carros, uno tras otro, rumbo a la playa.

—Bueno, ¿nos arriesgamos? —me preguntó.

—¿Y si se vuelve a apagar? —le respondí. Me sentía como Cenicienta. Mi carruaje se estaba convirtiendo en una calabaza—. ¡Si no regreso a casa a tiempo mi padre me va a matar!

Cuando llegamos a casa, Steve no apagó el carro porque tenía miedo de no poder prenderlo de nuevo. Me acompañó hasta la puerta, me dio un besito y se fue. La casa estaba a oscuras y en silencio. Papi y Mila dormían. No había nadie para preguntarme cómo me había ido.

En mi cuarto, me paré delante del espejo. Mi peinado todavía se veía muy bien. En el reflejo podía ver a mi hermana detrás de mí, preguntándome cómo me había ido.

—¡Fue maravilloso y mágico! —le respondí.

21

En junio fui la tercera de la familia en graduarse de la preparatoria. Me sentía orgullosa de ese pequeño logro, pero fue un día amargo para mí. Sentí una tristeza enorme al escuchar a mis compañeros planear lo que harían después, como prepararse para la universidad. Yo sabía que yo no podría ir a ningún lado si no convencía a papi de que me dejara ir a la Universidad de California en Irvine.

También fue doloroso ver a mi familia dividida en el auditorio del Occidental College, donde fue la ceremonia de graduación. Mago y Carlos estaban sentados en un lado del teatro y papi en el otro porque seguía peleado con Mago. Mila no se molestó en ir, y mi mamá tampoco.

Subí al escenario para recibir mi diploma sin saber hacia dónde mirar, si hacia la izquierda, donde estaban mi hermana y mi hermano, o hacia la derecha, donde estaba mi padre. Cuando le di la mano al director, me quedé mirando al frente, donde solo vi rostros desconocidos.

* * *

Mi graduación pasó en un abrir y cerrar de ojos. Papi cumplió su palabra y no me dejó que enviara mis papeles a la universidad, y como yo era menor de edad necesitaba su firma y papeles de los impuestos, pero se negó. Yo no tenía valor para firmar por él. Tampoco me atrevía a enfrentarlo, aunque por Mago si lo hice. No era posible ganar dos batallas. Pero tal vez sí podría ganar la que más me importaba.

Papi me había amenazado con pegarme si me atrevía a buscar a mi hermana. Yo tenía esperanza de que cambiara su manera de pensar.

Luego, nos enteramos de que la esposa de Carlos estaba embarazada. Un mes después, Mago nos dijo que ella también estaba esperando un bebé. Eso enojó más a mi padre y me hizo sentir mucho miedo, porque ahora que Mago iba a tener su propio bebé para cuidarlo y quererlo, ya no tendría lugar para mí en su vida.

—Tú siempre serás mi nena —me dijo por teléfono. Como no le contesté, ella agregó—: Voy a pasar por ti para que vayamos a pasear. Dile a papá que iré aunque él no quiera.

—Se va a enojar —le dije.

—¡No me importa! —me contestó—. Estoy harta y no me voy a seguir escondiendo, ni tú tampoco. ¿O ahora tú también te avergüenzas de mí?

—Tú sabes que no —le dije—. Le diré que no me puede seguir prohibiendo que te vea.

Durante la semana, no me animé a decirle a papi que

Mago pasaría a buscarme para que saliéramos juntas, le gustara o no. Cuando estaba a punto de hacerlo me arrepentía, sentía miedo y me encerraba en mi cuarto.

Ese verano él comenzó a beber más y más, tanto que por la noche me despertaba el sonido de la lata de cerveza cuando la abría. Bebía antes de irse a trabajar y cuando regresaba a casa seguía bebiendo hasta que se iba a dormir. Se peleaba con Mila por cualquier cosa, hasta porque ella visitaba a sus hijos los fines de semana.

—Tu lugar está aquí, en casa —le gritaba.

—Yo no voy a dejar de ver a mis hijos o a mi familia —le respondía ella.

Mi papá odiaba a la familia de Mila porque nunca lo quisieron. Lo culpaban de haber roto el primer matrimonio de Mila. Él se sentía traicionado cuando ella los visitaba. Pero nunca vi que la golpeara, aunque muchas veces sentí que lo haría. En esos momentos, él prefería golpearme a mí.

El domingo Mago cumplió su palabra y llegó por mí. Cuando le dije a Mila que estaba abajo, ella me dijo que no le parecía buena idea.

—Tu padre se va a enojar —me dijo, mientras yo me dirigía a su cuarto.

Como no me abrió, decidí entrar. Se hallaba sentado frente a la ventana, con una cerveza en la mano. Me acerqué con miedo, porque para mí ese era un territorio desconocido. Nunca me habían dejado entrar a ese cuarto.

Estaba escuchando su canción favorita de Los Tigres del Norte, «La jaula de oro».

Aunque la música no estaba muy fuerte, hizo como que no me había oído.

—¿Qué quieres? —me dijo, cuando me paré frente a él.

—Mago está abajo para llevarme a pasear.

—Dile que se vaya. Ya te dije que no la quiero aquí. No quiero que venga a verte —me dijo.

—¡Pero es mi hermana!

—Ella decidió irse, ¿no? Si en verdad le importaras, no se hubiera ido.

Entonces yo me largué a llorar, como siempre, porque él sabía cómo decir cosas que me dolían mucho. Odiaba llorar. Odiaba que él se diera cuenta del poder que tenía sobre mí, haciéndome llorar sin ponerme dedo encima.

—¡Mago es mi hermana y quiero verla! —le dije.

—¡Ya te dije que no! —me gritó.

Me fui de su cuarto, con ganas de desobedecerle.

—Bueno, igual me voy. Ella es todo lo que tengo y tú no nos puedes separar.

—¡Reyna! —me gritó, cuando llegué a la puerta. Me detuve y lo volteé a ver—. ¡Si te vas con ella nunca más vas a regresar aquí!

—¡De acuerdo!

Salí a toda prisa, cruzando por el comedor y la cocina, rumbo a la puerta trasera. *Justo era lo que necesitaba. Ahora que me ha corrido, Mago no tendrá de otra más que llevarme a vivir con ella. ¡Por fin estaremos juntas!* Desde la mitad de las escaleras pude ver el carro de Mago estacionado frente a los apartamentos. De repente, sentí un jalón en mis cabellos.

—Tú no vas a ningún lado! —me gritó mi papá, jalándome con tanta fuerza que me tiró. Me agarré el cabello, pero él no me soltaba, arrastrándome al apartamento. Comencé a gritar para llamar a Mago, sintiendo que me arrancaba mi cabello. Lo último que vi, antes de que me metiera, fue a Mago bajándose de su carro.

—¡Mago, Mago! —le grité una y otra vez. Mi padre me aventó contra la pared de la cocina y empezó a golpearme con sus puños. Mila estaba parada a un lado, como siempre, sin hacer nada para ayudarme.

—¡Llama a mi hermana! —le pedí gritando. Ella se dio la vuelta y salió corriendo.

Los golpes siguieron, hasta que uno me dio en la nariz. Me tapé la cara para protegerme. Tenía la blusa llena de sangre. *¿Dónde está ella? ¿Por qué no viene y me ayuda, y me lleva lejos de aquí?*

—¡Mago, Mago! —grité de nuevo, mientras que los puños de mi papá me seguían cayendo como piedras.

—¡Basta, ya no le pegues! —se escuchó una voz y mi papá dejó de pegarme.

Cuando abrí los ojos me hallaba en el piso, llena de lágrimas. Mi padre se alejó de mí. Miré a Mila parada en la puerta.

—¿Dónde está Mago?

¿Qué no había sido su voz la que escuché? ¿Por qué no me ayudaba?

—Ella se fue —me dijo Mila.

Yo sacudí la cabeza sin poder creer lo que Mila me decía. No podía ser cierto. *¿Cómo que Mago se fue sabiendo que él me estaba golpeando? ¡No, no, debía de estar equivocada!*

—¡Mago! —grité con todas mis fuerzas—. ¡Mago!

Pero no vino.

—¿Ya ves? —dijo papi, limpiándose mi sangre de sus manos—. ¿Ya viste lo mucho que le importas?

Yo me quedé viendo hacia la puerta, esperando que mi hermana regresara, pero eso no pasó. Miré a mi padre y sus puños, deseando que en ese momento siguiera pegándome una y otra vez, con esas manos que eran tan parecidas a las mías. Que los golpes me hicieran desaparecer, que acabaran conmigo de una vez. *¡Mago se fue, se fue, se fue!*

Mi papá regresó a su cuarto con otra cerveza en la mano. Mila me ayudó a levantarme.

—Tienes que entender —me dijo Mila, mientras me llevaba a mi cuarto—. Tu hermana está embarazada y si te hubiera venido a defender quién sabe lo que le hubiera pasado.Tu papá podría haber lastimado al bebé.

Ella se quedó en la cocina y yo me encerré en mi cuarto.

22

Mi cuarto era mi prisión.

No, mi cuarto era mi refugio. De la puerta para adentro yo estaba a salvo. De la puerta para afuera, ¡corría peligro! Me acostaba en la cama y esperaba a que Mila y mi papá se fueran a dormir. Mi panza gruñía de hambre, pero no quería salir. Esperaba hasta que Mila terminara de cocinar, hasta que ellos comieran y fueran a ver la tele. Hasta que por fin se encerraran en su cuarto. Solo salía cuando la casa ya estaba en silencio y a oscuras. Así era mi vida desde que mi papá me había golpeado. Tenía miedo de que, al salir de mi cuarto, él se alzara como un buitre listo para comerme el alma poco a poco. Me daba miedo que algún día ya no quedara nada de mí.

Ya cuando por fin apagaban la tele y oía sus pasos que se perdían tras la puerta de su cuarto, yo salía de puntitas hacia la cocina a toda velocidad a buscar algo para comer. Ni lo calentaba. Mi papá podría aparecer y yo no lo quería ver. Me llevaba la comida a mi cuarto, la devoraba, y luego escondía el plato sucio debajo de mi cama.

Después daba vueltas en la cama. No podía dormir. Pensaba qué estaría haciendo Mago, qué estaría haciendo Carlos, qué estaría haciendo mi mamá. Todos ellos tenían a alguien que los acompañara, mientras que yo estaba aquí, sola en mi cuarto.

Prendía la televisión y la ponía con el volumen más bajito. Tapaba los huequitos de la puerta para que mi papá no se diera cuenta. Eso era lo único que podía hacer para desaparecer de su vista.

Entonces, en la tele encontré a mi héroe, el doctor Sam Beckett. Él viajaba en el tiempo para arreglarle la vida a la gente, en un programa llamado *Quantum Leap, Viajeros en el tiempo*. ¡Ay, cómo me hubiera gustado que Sam Beckett pudiera aparecer en mi vida! Que la viviera por mí. Que arreglara las cosas como yo no pude. Pero en el mundo real no existen los héroes.

Un día me di cuenta de que si no me gustaba mi vida, entonces tenía que encontrar cómo cambiarla. Entendí que solo una persona podría sacarme de este agujero: yo.

Cuando mi padre regresó de su trabajo, no me escondí en mi cuarto. Salí y fui a la cocina, donde lo encontré tomando una cerveza. Respiré profundo y le dije:

—Mañana me iré a Pasadena City College para apuntarme.

Esperé que me dijera que no, pero él me miró, y no sé qué vio en mis ojos que lo mantuvo tranquilo. Me di la vuelta y cuando iba a mi cuarto, me detuvo.

—¿Sabes qué, Chata? Cuando mi padre me llevaba a trabajar al campo, yo tenía que guiar a los bueyes en línea recta. Me dio un palo y me dijo que si no me hacían caso lo usara para pegarles lo más fuerte posible. Yo tenía nueve años, Chata. ¿Lo entiendes?

Respiré hondo, pero no pude hablar. Me estaba diciendo que había aprendido a ser violento desde chiquito. Que esa fue la única cosa que sus papás le dejaron. Yo quería decir algo, aunque todavía estaba muy enojada por lo que me hizo. Quería entender lo que me estaba tratando decir. Pero se alejó de mí y fue hacia el refrigerador para sacar otra cerveza y me di cuenta de que ese papá que acababa de hablar conmigo había desaparecido.

Sin perder tiempo me apunté en la Pasadena City College. No podía creer que tuve el valor de enfrentar a mi padre y no dejarle otra opción más que aceptar mi decisión. Sabía que no iba a ayudarme, ni con dinero, ni echándome porras, ni como había apoyado a Mago y a Carlos. Me dolía darme cuenta de que la persona que me había hecho soñar con ir a la universidad ahora era la que se metía en mi camino para que no lo hiciera. Pero ¡yo no se lo iba a permitir!

Tomé una clase de Literatura. Mi profesora se llamaba Diana Savas. Cuando entré al salón, pensé que era latina. Tenía cabello oscuro, ojos color café y lentes. Luego me enteré de que era de ascendencia griega, pero me sorprendió que hablara súper bien el español. Enseguida me cayó bien. Fue una sorpresa ver que alguien que no era latina se hubiera tomado el tiempo para aprender mi idioma nativo.

En la segunda semana de clases, la doctora Savas nos pidió que escribiéramos un ensayo expositivo sobre el grupo social al que pertenecíamos (si éramos de cierta raza, con o sin dinero, si éramos de alguna religión, etcétera). Me fui a casa para hacer mi ensayo, ¡pero me costó mucho! ¿A qué grupo pertenecía yo? ¡Ni idea! Nunca había pensado que perteneciera a otro grupo que no fuera mi familia. Por eso, el ensayo que escribí fue sobre mi familia y de dónde venía.

A los pocos días de entregar mi ensayo, la doctora Savas me pidió que fuera a su oficina.

—Escribiste un ensayo autobiográfico —me dijo—. Necesito que lo vuelvas a hacer, ¡pero sí que eres una muy buena escritora!

—¿De veras? —le dije, sorprendida. Ninguna maestra me había dicho eso. Desde que gané aquel concurso de cuento en octavo grado, me la había pasado escribiendo cuentos y poemas, pero yo no creía que fuera buena y nadie me lo había dicho.

Cuando la doctora Savas me entregó mi ensayo, de alguna manera me sentí diferente.

—De verdad creo que eres muy talentosa —me volvió a decir.

Cuando el semestre terminó, lo pasé con una A, pero

me dio tristeza saber que ya no tendría como profesora a la doctora Savas. El último día de clases regresé a casa sin dejar de pensar en ella. Con mucho entusiasmo, agarré mi cuaderno y comencé a escribir un nuevo cuento.

23

Cuando empezó el nuevo semestre, pasé a la oficina de la doctora Savas para saludarla. Ese día yo cumplía diecinueve años, y con un poco de pena se lo mencioné. No tenía a nadie con quién celebrarlo. La doctora Savas agarró un libro que tenía en su escritorio y me dijo:

—Este fin de semana fui a una conferencia de escritores latinos y compré este libro. Creo que te puede gustar.

Me lo dio y vi el título en la portada: *The Moths and Other Stories*, de Helena María Viramontes. Nunca había oído de ese libro. La literatura latina no era algo que yo conocía

—Es para ti —me dijo, sonriendo. Lo agarró y escribió en la primera página, *Feliz Cumpleaños, Reynita*, y me lo entregó. Nadie me llamaba Reynita, ni siquiera mi madre.

—Gracias —le dije. Era el primer libro que me regalaban, el primero que me podía quedar sin tener que devolverlo a la biblioteca.

Me fui a casa para leer *The Moths*. Por primera vez,

desde que empecé a leer con ganas, descubrí personajes que vivían en un mundo como el mío, que tenían el mismo color de piel que yo, con los mismos problemas y sueños.

Con el paso de las semanas, entre clases yo visitaba a la doctora Savas, o Diana, como a ella le gustaba que la llamara, en su oficina. Nunca le hablaba de mi familia. Hablábamos de libros y de escribir. Ella siempre me preguntaba sobre mi última historia o poema. Aunque a veces me daban ganas de contarle sobre los problemas en casa, las peleas entre Mila y mi papá. Andaban discutiendo por una mujer. Mila pensaba que mi padre la estaba engañando con alguien de su trabajo. Él decía que no y yo los escuchaba pelear en su cuarto. Cuando regresaba a casa, me los encontraba en la sala gritándose. Yo me encerraba en mi cuarto. Era mejor no meterse y tomar partido, pero no podía dejar de pensar que ahora Mila sabía cómo se sintió mi madre cuando mi padre la engañó con ella.

Un día escuché a Mila gritar. Ese fin de semana había venido Betty, que ya tenía trece años. Los gritos seguían y Betty y yo fuimos a la sala. Vimos a mi papá aventar a Mila en el sillón y se le subió encima para golpearla. Mila trataba de soltarse, pero no podía.

Yo me quedé parada allí, incapaz de moverme ni hablar. Abrí la boca, pero no me salían las palabras. No podía creer que le estuviera pegando. En todos esos años yo había sido la que recibía sus golpes, pero no Mila, nunca ella. Betty me miró, esperando que hiciera algo.

La abracé. Ojalá ella no estuviera viendo esto. Ojalá no la hubiera traído.

Mila logró soltarse de mi padre.

—¡Déjame en paz! —le gritó—. Corrió a la puerta y bajó por las escaleras. Él fue tras ella, diciéndole cosas feas. Luego se escuchó un ruido como de metal y el llanto de mi madrastra.

—¡Ya párale, Natalio, ya estuvo! —le gritaron mi prima Lola y su esposo, quienes vivían en el apartamento de abajo. Ellos sí corrieron para defender a Mila.

Cuando Betty y yo bajamos las escaleras, Mila estaba llorando en los brazos de Lola, mientras su esposo agarraba muy fuerte a mi papá. De repente él se soltó y parecía que iba a volver a pegarle a Mila, pero no lo hizo. Corrió a las escaleras y me di cuenta de que venía hacia nosotras. Betty y yo nos hicimos a un lado para dejarlo pasar, pero ni siquiera nos volteó a ver. Se metió en el apartamento sin decir ni una sola palabra.

La pierna de Mila sangraba. Mi padre la había aventado sobre las herramientas de jardinería que estaban debajo de la escalera y ella se había cortado con los dientes del rastrillo.

—Mila, tienes que ir al hospital —le dijo Lola. Su esposo la ayudó a subirse al carro y yo me quedé parada a su lado, sin saber qué hacer. *¿Debía ir con ella o quedarme con él?*

—Quédate con tu papá —me dijo Lola, decidiendo por mí—. No lo pierdas de vista.

Me quedé parada en el primer escalón, sin atreverme a subir al apartamento. Betty y yo nos miramos sin saber qué hacer. Yo no sabía ser una mamacita para mi hermana.

—¡Ay, Dios! —dijo Betty, sacudiendo la cabeza por lo que acababa de pasar.

Hasta que por fin tuve el valor de regresar con Betty al apartamento. Entramos por la puerta trasera, caminando de puntitas por la cocina y me asomé a la sala. Mi padre había apagado la luz y estaba sentado en el sillón, sin moverse. ¿Se había dormido? Nos fuimos a mi cuarto y allí nos quedamos.

Me desperté al sentir que me sacudían. Abrí los ojos y vi a una mujer policía de pie frente a mí. Me apuntó a los ojos con su linterna.

—¿Qué pasa? —le pregunté.

Nos llevó a Betty y a mí a la sala, donde dos policías estaban poniéndole esposas a mi padre. Él ni siquiera volteó a vernos. Miraba al piso. Luego se lo llevaron. Los vi bajar por la escalera. No podía dejar de ver las esposas. ¡No podía creer que le habían puesto esposas a mi padre! Volteé a ver a Betty, deseando otra vez que no hubiera estado allí para ver lo que pasaba. Mi madre siempre le decía cosas malas de él y por eso a Betty nunca le había gustado. ¿Qué iba a pensar ella ahora, al ver que a su padre lo trataban como un criminal?

Cuando lo subieron a la patrulla, él volteó a vernos

por un momento, antes de que cerraran la puerta y se lo llevaran.

—Vayamos adentro —nos dijo la policía, y nos sentamos en la sala—. ¿Pueden decirme qué fue lo que pasó?

Me di cuenta de que no podía hablar. ¿Cómo iba a contar el abuso? ¿Cómo podía decir que me daba vergüenza lo que él había hecho y que, como su hija, sentía que también tenía la culpa? ¿Cómo podía decir que, aunque sabía que era culpable, igual yo tenía miedo de lo que le pudiera pasar? No quería que le pasara nada, no quería que lo metieran en la cárcel. Necesitaba preguntarles: ¿qué harán con él, conmigo y con todos nosotros?

Para mi sorpresa, cuando llevé a Betty, mi madre me ofreció que viviera con ella. Decidí aceptar porque sentía que ya no podría vivir en el apartamento de mi padre. Mila regresó toda amoratada, de pies a cabeza. Yo estaba avergonzada al verla, porque no había dicho ni hecho nada para defenderla.

Me llevé unas cuantas cosas al cuartito de mi mamá. Esa noche dormí en el piso, junto a la mesa. Mi mamá, Betty y Leonardo dormían en la cama, con sus pies colgando de la orilla. Rey dormía en el suelo, justo al lado del mueble de la televisión. Si me estiraba un poco casi podía tocarlo. Así de chiquito era el cuarto.

Dos días después, me di cuenta de que no podría quedarme allí. Mi última clase terminaba a las siete de la noche. Tardaba tres horas en llegar a la casa de mi madre en camión, desde Pasadena hasta el centro de Los Ángeles. Eran como las diez de la noche cuando me vi caminando sola por la calle 7. Los vagabundos dormían en las banquetas y yo tenía que caminar encima de ellos. Borrachos empujaban sus carritos de supermercados. Hombres pasaban en sus carros chiflándome. Yo caminaba tan rápido que me dolían las piernas. Cuando de repente vi a un grupo de hombres cruzar la esquina y dirigirse hacia mí, salí corriendo sin mirar hacia atrás.

—¿Por qué no dejas de tomar la última clase? —me sugirió mi madre cuando llegué a casa. Yo traté de recuperar el aliento, pero sentía que me ahogaba. Sacudí mi cabeza, enojada por su propuesta. *Así se empieza,* le quise decir. *Una vez que dejas una clase se hace fácil dejar las demás.*

Fui a visitar a Diana a su oficina. Necesitaba hablar con alguien y ella era la única persona en quien confiaba. Toqué a su puerta y por un momento pensé que sería mejor darme la vuelta e irme. *¿Para qué voy a molestar a alguien más con mis preocupaciones?* Pero cuando abrió y me dijo «Reynita», sentí que hice bien al ir a verla.

Le conté lo que había pasado el fin de semana y que me había quedado con mi madre estos últimos tres días. No pude aguantar las lagrimas. Diana no necesitaba mi drama y yo no quería molestarla con mis problemas. Me tomó de la mano y me dijo:

—Reynita, no puedes seguir así. Tienes que pensar en

la universidad, es de lo único que tienes que preocuparte.

Me sequé las lágrimas. *¿Cómo no me voy a preocupar? ¿Cómo voy a escaparme de esto?* No tenía a dónde ir.

—¿Te quieres venir a vivir conmigo? —me preguntó Diana.

—¿Cómo? —le dije, mientras me frotaba los ojos.

—Yo vivo justo enfrente de aquí, en una casa de la escuela que tiene tres cuartos.

—Pero, Diana, no te quiero molestar, de verdad . . . —Pero me di cuenta de que esta era una buena oportunidad y me armé de valor para agregar—: Sí, Diana, me voy contigo.

—De ahora en adelante mi casa será tu casa —me dijo.

Cuando ella me tomó de la mano supe que yo estaba equivocada: ¡sí existían los héroes en la vida real!

24

Diana creció en el Medio Oeste de Estados Unidos y tenía treinta y cuatro años. Llegó a Los Ángeles para hacer su doctorado en UCLA, la Universidad de California en Los Ángeles. Como estudiante, ella también pasó hambre. No tenía familia allí y tuvo que cuidarse sola. Más tarde, me contó que yo le recordaba a ella, una jovencita buscando su camino en esta ciudad enorme, sola pero con un deseo muy grande de triunfar. Por eso Diana me quiso ayudar, para que, a diferencia de ella, yo sí tuviera alguien que me apoyara.

Mila no presentó cargos y mi padre regresó a casa. Me dijeron que podía seguir viviendo con ellos, pero yo sabía que eso no sería así. No tenía que ser así. Algo me dijo que las cosas entre ellos se iban a poner cada vez peores. Los dejé para que pelearan sus propias batallas. Me dio gusto que mi padre no tuviera problemas con la ley, pero al mismo tiempo estaba decepcionada de que Mila no hubiera presentado cargos y que siguiera viviendo con él. Yo creí que era otro tipo de mujer.

Al principio me sentí extraña en la casa de Diana. Sentía que debía encerrarme en el cuarto de invitados y mantenerme lejos de su camino, para que no se sintiera incómoda. En la casa de mi padre había aprendido a ser invisible. Pero Diana no era mi padre. Ella no me dejó desaparecer y días después me convenció para que saliera del cuarto. Ella no iba a dejar que me escondiera. Ella no me iba a ignorar.

—Acompáñame a la sala, Reynita —me dijo, y como yo no quería que sintiera que era una desagradecida, acepté su invitación.

De repente me encontré sentada en la sala, con la extraña sensación de estar en un lugar seguro, sin miedo de que alguien me gritara o me golpeara o me hiciera sentir mal. Diana estaba calificando pruebas, mientras yo hacía mi tarea y escuchábamos una música medio triste de Grecia. No entendía las palabras, pero el ritmo me recordaba a algunas canciones románticas mexicanas.

Diana no estaba casada y tampoco tenía hijos, pero sí cuatro perros pequeños que le servían de compañía, y que ella había rescatado de las calles. Convirtió en biblioteca el tercero de los cuartos, donde tenía estantes y estantes llenos de libros. Eran tantos que se desbordaban hasta la sala. Nunca había estado en una casa donde hubiera libros. Me sentía en el paraíso. En un descanso de su trabajo, entró a ese cuarto y regresó con un libro. Me lo dio y dijo:

—Mira, tienes que leer esto.

Lo agarré y leí su título: *The House on Mango Street (La casa en Mango Street)*. Nunca había oído hablar de su autora, Sandra Cisneros.

—Tienes que leer este libro, Reynita, es maravilloso.

Me lo llevé a la sala, y en un sillón bien cómodo comencé a leerlo, mientras Diana seguía calificando las pruebas de sus alumnos. ¿Cómo decir lo que ese libro me hizo sentir? ¡Era tan lindo! Me gustó mucho el lenguaje poético y las imágenes. Pero la parte que me gustó más fue el capítulo llamado «Sally». Sentí que me rompía por dentro. La tristeza y la desesperanza me hicieron temblar y llorar. En esa parte hay una jovencita que vive con un padre muy malo. Todos los días, después de la escuela, se iba corriendo a casa, de donde luego ya no podía salir. *Sally, ¿hay veces en que desearías no regresar a tu casa? Y que tus pies no dejaran de caminar y te llevaran muy lejos de Mango Street.*

¿Cómo es que Sandra Cisneros sabía exactamente cómo me había sentido desde hace tantos años? Esas ganas de que mis pasos no se detuvieran y siguieran caminando hacia otro lado, donde hubiera una hermosa casa donde me quisieran. Volví a leer esa parte y en cada palabra sentía que Cisneros me hablaba a mí. Me provocó una gran cercanía con ella, esta mujer a la que no conocía. Me dieron ganas de conocerla para preguntarle: *¿Cómo lo supiste? ¿Cómo supiste que me pasaba todo eso?*

* * *

—Necesitas escribir, Reynita —me decía Diana todos los días. Me regaló otros libros de autoras latinas, como Isabel Allende, Julia Álvarez y Laura Esquivel. Escritoras que contaban historias como las que a mí me gustaba escribir. Eso me hizo entender por qué Diana me insistía tanto. Yo no conocía la literatura latina y chicana. Durante muchos años estuve leyendo novelas como *Mellizas y rivales*, o las de Stephen King, y libros de romance de Harlequin. Hubiera podido leer algo mejor y más poderoso, pero no sabía que existía esa literatura chicana y latina.

Libros como *The House on Mango Street* fueron muy importantes para mí porque me hicieron ver que había gente que me entendía y había vivido las mismas cosas que yo. Diana sembró una semilla en mí, que con esos libros comenzó a crecer. También me acercó a lugares que nunca pensé conocer. Me llevó a restaurantes italianos y griegos, para que conociera otras culturas además de la mía. Me hizo ver películas de otros países y, de vez en cuando, nos sentábamos en su jardín para hacer planes sobre mi futuro, mientras jugábamos con sus perros.

Un día me enteré de un concurso de escritura y Diana me alentó para que entrara. Volví a trabajar el ensayo que había escrito para su clase y con su ayuda lo mejoré. ¡Gané el segundo lugar y me dieron cien dólares!

—Tienes que convertirte en escritora, Reynita —me decía Diana—. Tienes que entrar a una buena universidad, Reynita. —Una y otra vez me lo repetía, como si fuera un rezo—. Si Álvarez, Cisneros y Viramontes lograron que les publicaran sus historias, ¿por qué tú no, Reynita?

Yo no sabía lo que me esperaba en la vida. En ese momento tan solo podía dejarme soñar.

25

Un año y medio después, cuando estaba en mi último semestre en la Pasadena City College, Mila dejó a mi padre.

Carlos me dijo:

—Reyna, tienes que regresar a casa, él te necesita.

—Él no necesita a nadie —le contesté. Tan solo pensarlo me parecía un absurdo. La idea de regresar a casa con él me enfermaba.

Días después Carlos me llamó de nuevo, esta vez para decirme:

—Trató de quitarse la vida.

—No te creo —le dije. No creí que mi padre fuera capaz de lastimarse por una mujer.

—Necesita a alguien que no lo pierda de vista —dijo Carlos—. Yo no puedo, Mago tampoco, los dos trabajamos. Tú tienes que regresar con él.

Colgué y durante el resto del día no pude dejar de pensar en mi padre. Lo imaginaba tirado en el suelo, sin vida. ¿Qué tal si Carlos tenía razón? ¿Qué tal si estaba tratando de lastimarse? ¿Qué tal si, por primera vez, él de verdad me necesitaba?

Regresé a su lado aunque no quería. El semestre de la primavera había terminado, con todo y la graduación. Después del verano me iría al norte para estudiar en la Universidad de California en Santa Cruz, la escuela que me recomendó Diana. No me quería ir con un sentimiento de culpa. Quería irme para comenzar una nueva vida.

Cuando llegué a la casa de mi padre, lo encontré solo, sentado a la mesa del comedor. Era la hora de la comida, pero estaba en la oscuridad, como si estuviera esperando a que le sirvieran, como si hubiera olvidado que Mila ya no vivía con él para hacerle de comer, como siempre lo había hecho. Jugueteaba con una lata vacía de cerveza y me volteó a ver cuando entré. Fue triste verlo tan delgado, tan demacrado y con su cabello completamente gris.

—Regresé —le dije.

Él me miró sorprendido y yo pensé que Carlos no le había dicho que yo regresaría. Le pregunté si tenía hambre y si quería que le preparara algo, pero no me contestó. Abrí el refrigerador y lo encontré casi vacío. Mi corazón comenzó a acelerarse porque yo no sabía cocinar. En todos los años que vivimos juntos, Mila era la que cocinaba y no nos había enseñado a cocinar a mí o a Mago.

Volteé a verlo y lo descubrí mirándome. No sé si se dio cuenta de lo espantada que estaba porque iba a cocinar, pero me dijo:

—Vamos, Chata, salgamos de aquí. —Empujó su silla y se levantó.

—¿A dónde vamos? —le pregunté.

—Vamos a El Pollo Loco —me dijo.

No supe qué contestar. A él no le gustaba comer afuera. A mi me encantaba El Pollo Loco, especialmente el burrito BRC, con arroz, frijoles y queso, así que fui detrás de él sin quejarme. Respiré con alivio porque no iba a cocinar. Cuando llegamos al carro me dio las llaves.

—Ten, maneja tú.

—¿Cómo . . . ? A ver . . .

Carlos había tratado de enseñarme. Mago también lo intentó, pero no me tuvo mucha paciencia, sobre todo porque una vez le rayé su carro. ¡Yo no era lo suficientemente buena como para manejar el carro de mi papá! Él me iba a regañar todo el tiempo, lo sabía. De seguro que me gritaría y me diría que era una buena para nada.

—No, mejor maneja tú.

—Toma —me dijo, entregándome las llaves.

Con desconfianza tomé las llaves y abrí la puerta. Me senté frente al volante y encendí el carro y nos dirigimos a la calle Granada, dando vuelta para tomar la avenida 52. Iba despacio, con cuidado, pero en el cruce di la vuelta en el momento que se prendió la luz roja del semáforo. Los otros conductores me pitaron. Chirriaron llantas. Yo miré de reojo a mi papá. Él miraba de frente, en silencio. Por suerte llegamos a El Pollo Loco con el carro intacto.

—Lo siento —le dije, y le regresé las llaves.

—No estuvo mal, Chata —me dijo.

No sé qué le hizo a mi papá la partida de Mila, pero él ya no era el mismo hombre de antes. Ya no me criticaba. Ya no me gritaba. No me golpeaba. No me miraba como si yo no existiera. Por primera vez, le gustaba tenerme cerca.

Mila le pidió el divorcio y eso tardó mucho, pero yo me quedé a su lado y lo apoyé en todo lo que pude. Seguimos yendo a El Pollo Loco, aunque algunas veces yo cocinaba y él se comía lo que preparaba sin quejarse. A veces nos sentábamos en el jardín para cuidar las calabazas, el maíz, los chiles y las zanahorias que había plantado. Otras veces nos sentábamos en la sala para ver los partidos de los Lakers. También nos íbamos a caminar al parque Sycamore Grove y hacíamos ejercicio hasta que se hacía de noche. Yo quería compartir con él todo lo que había hecho desde que me había ido de su casa. Le conté sobre el trabajo de tutoría de inglés que había conseguido. También le hablé de lo bonito que fue marchar en el desfile de las Rosas por tercera vez. Le platiqué de mi trabajo como escritora en el periódico de Pasadena City College, y de la vez que publicaron mi artículo en una página completa, y de la carta personal que me mandó el presidente de la escuela, felicitándome. Luego le conté sobre el concurso de ensayo en Townsend Press. Le dije también de las becas que conseguí para pagar mis estudios en la Universidad de California en Santa Cruz. Yo quería que él supiera que, aunque habíamos estado separados, no había dejado de valorar lo que me enseñó.

—Háblame de tu nueva escuela —me pidió un día, mientras corríamos uno al lado del otro.

Entonces le platiqué sobre Santa Cruz y sus árboles de secuoyas, el océano, la literatura y las clases de escritura que iba a tomar allí.

—Diana me ha dicho que es un lugar especial. Es una universidad muy buena para los estudiantes que les gusta el arte. Dice que me ayudará a crecer como escritora.

—Seis horas de viaje es bastante tiempo —dijo.

—Sí, pero yo te vendré a visitar cada vez que pueda —le dije—. Tú también me puedes ir a visitar.

Durante el resto del trote ya no hablamos, pero comencé a sentir que me pesaban los pies. ¿Y si me quedaba? ¿Por qué me iba ahora, cuando parecía que las cosas estaban mejorando, cuando por fin mi padre estaba cambiando? Me habían aceptado en la Universidad de California en Los Ángeles y aunque me decidí por la de Santa Cruz, tal vez podría decirles que cambié de opinión. ¿Me volverían a aceptar?

Cuando escogí la de Santa Cruz lo hice porque sentí que no había motivos para quedarme en Los Ángeles. Pero ahora sí tenía una razón: mi padre. ¿Cómo iba a dejarlo cuando las cosas estaban tan bien entre nosotros, en el momento en que él se estaba comportando como el padre que siempre soñé?

Una noche, mientras comíamos unos chiles rellenos que le preparé, mi padre bajó su tenedor y me dijo:

—He estado hablando con Mila.

—¿Sobre qué?

—Queremos resolver nuestros problemas. Ayer le hablamos al abogado para que detenga el divorcio.

—¿Eso qué quiere decir?

—Quiere decir que ella va a regresar —me dijo.

Yo sentí que me atragantaba y bajé mi tenedor.

—Pero me puso una condición.

—¿Cuál?

—No quiere que ni tú, ni Mago ni Carlos estén cerca.

—¿Y tú aceptaste? —le pregunté, sintiendo que el chile relleno me quemaba el estómago y me hacía un agujero.

Mi padre volteó a ver su plato, pero no a mí. En ningún momento me miró. Yo me levanté y me fui a empacar mis cosas.

26

Los días que faltaban para mi viaje los pasé en la casa de Diana. Ella fue la última persona que vi antes de irme a Santa Cruz. Edwin, el novio que conocí en la Pasadena, vino por mí a su casa y allí, enfrente de su jardín, nos despedimos. Mientras íbamos por el Colorado Boulevard, me prometí que algún día les contaría a todos quién era Diana, esta mujer maravillosa que llegó a mi vida cuando yo más lo necesitaba y me ayudó a salir adelante.

Edwin fue aceptado en la Universidad Estatal de California en la bahía de Monterrey, justo a una hora al sur de Santa Cruz. Él quería estudiar Psicología. Una de las cosas que más me gustaba de él era su manera de entenderme y de usar las palabras precisas. Camino a Santa Cruz, me dijo:

—¿Sabes que tu padre está bien orgulloso de ti?

Yo no le respondí, pero sus palabras calmaron el dolor que sentía en mi pecho, mientras avanzábamos hacia el norte, alejándome kilómetro a kilómetro de mi padre. Por la ventanilla podía ver cómo la inmensidad de los campos se hacía más grande. Me imaginé a mi padre, que hacía dieciocho años había trabajado en los campos agrícolas de los alrededores, antes de irse a Los Ángeles en busca de suerte.

—Trata de entenderlo —me dijo Edwin—. Él sabía que te irías cuando terminara el verano y no quería quedarse solo.

—Yo me hubiera quedado con él —le respondí.

—Sí, pero él no quería detenerte —me dijo Edwin.

Cuando Edwin y yo llegamos a la universidad en Santa Cruz, muchos estudiantes ya estaban allí, mudándose. Desde el carro podíamos verlos con sus padres, abuelos, hermanos y hermanas acarreando cajas. Unos padres les daban palmadas en la espalda a sus hijos. Algunas madres lloraban y no querían soltar a sus hijas.

—¿Necesitas algo más? —escuché que decían—. Te vamos a extrañar.

Yo pensé en mi padre y en mi madre, en Mago, Carlos y Betty. Hubiera querido tenerlos conmigo, compartiendo este momento tan especial para mí. Pero nos separaban casi quinientos kilómetros y, en esta ocasión, era yo la que se había ido.

Edwin me ayudó a llevar a mi cuarto algunas de mis pertenencias.

—¿Vas a estar bien? —me preguntó.

—¡Claro que sí! —le dije, aunque no estaba segura.

Se subió al carro y al salir del estacionamiento me dijo adiós con la mano y prometió que vendría cada fin de semana a visitarme. Me alegraba que no estuviéramos tan lejos y que lo tuviera cerca. Lo vi alejarse y cuando se perdió en la distancia me fui a caminar. Ya era tarde y el sol se estaba metiendo. Yo quería conocer lo más posible del campus antes de que oscureciera. En mi caminar sentí la inmensidad de los árboles de secuoya rodeándome, y el fuerte aroma de sus hojas. Toda la tensión de mi cuerpo desapareció. Estaba frente a una belleza que jamás había imaginado. Escuchaba al viento mover las ramas de los árboles. Vi una familia de venados que buscaban comida. No podía creer que hubiera venados allí. Verlos me convenció de que había hecho la mejor elección: dejar Los Ángeles para venir aquí. Me sentí como *Ana, la de Tejas Verdes* en su Avonlea. Al igual que ella, yo había encontrado mi lugar de belleza perfecta.

Seguí caminando hasta llegar a Porter College, justo en la pradera desde donde se podía ver el océano, brillando en su inmensidad azul y lleno de colores anaranjados. Me trepé en una escultura de metal y allí me quedé sentada, a casi dos metros de altura. Me acordé de aquella primera vez en que conocí el mar de Santa Mónica, cuando mi mi padre me agarró de la mano, mientras yo tenía miedo de que me soltara.

Ahora, al ver el océano, me di cuenta de que ya no había nada que temer. A pesar de todo ya estaba aquí.

* * *

Ahora tenía que hacer lo que había venido a hacer y convertir mis sueños en realidad. Cerré los ojos y me vi a mí misma a la orilla del mar agarrando con fuerza la mano callosa de mi padre.

Esta vez, fui yo la que lo solté.

EPÍLOGO

En junio de 1999 me convertí en la primera de mi familia que se graduó de una universidad. Aquí, en la Universidad de California en Santa Cruz, obtuve mi licenciatura en Escritura Creativa, Cine y Video. Me gradué con honores. En esta ocasión, a diferencia de mi graduación de la preparatoria, toda mi familia estuvo presente para celebrar mi logro, incluidos mi padre y mi madre.

Una tradición en la Universidad de California en Santa Cruz es que los graduados escriban sobre el maestro que más los inspiró. Yo escribí sobre Diana. Mi ensayo fue elegido como ganador y Diana voló hasta Santa Cruz para estar presente. Durante la ceremonia hablé de ella y fue la primera vez en que le agradecí públicamente todo lo que había hecho por mí. Desde entonces no he parado de hablar sobre ella. Ella me ha visto crecer hasta convertirme en la mujer que ahora soy: ciudadana estadounidense, dueña de su propia casa, escritora, esposa y orgullosa madre de un hijo y una hija maravillosos.

He seguido estudiando y obtuve una maestría en Escritura Creativa. Además, como alguna vez lo soñamos Diana y yo, ¡he conocido a mis héroes literarios! Un día me vi en la casa de Sandra Cisneros comiendo un pastel de zanahoria. También he viajado en carro con Julia Álvarez y he compartido el escenario con Helena María Viramontes durante una lectura.

Mago, Carlos, Betty y Leonardo están muy bien. Seguimos ayudándonos entre nosotros lo más que podemos. ¡Entre todos ya tenemos trece hijos! Nuestra meta es darles un vida estable y feliz, guiándolos y ayudándolos para que alcancen sus sueños.

Mi relación con mi madre ha mejorado. Mis hermanos y yo hemos puesto de nuestra parte para perdonarla y aceptarla como es.

En cuanto a mi padre, en 2010 le diagnosticaron cáncer de hígado. Para entonces, mis hermanos y yo no teníamos mucha comunicación con él. Se las había arreglado para mantenernos lejos. Pero volvimos a vernos cuando empezó su lucha contra el cáncer. El 6 de septiembre de 2011, un día antes de que yo cumpliera treinta y seis años, Carlos, Mago y yo estábamos a su lado en el hospital mientras escuchábamos al doctor decirnos que ya habían hecho todo lo posible por él. Le tomé la mano mientras él daba su último suspiro.

Fueron muchas cosas las que sentí ese día. Recordé los tiempos difíciles que pasé con mi papá, durante mi niñez y mi adolescencia. Pero mientras lo veía morir traté de hacer a un lado esos malos recuerdos y busqué en mi memoria los buenos recuerdos, aquellos momentos de alegría, como cuando regresó a México y me trajo a Estados Unidos, o cuando nos sentaba en la mesa de la cocina para hablarnos de todos los sueños que tenía para nosotros. O cuando él y yo corríamos alrededor del parque o cuidábamos sus plantitas.

Mientras mi padre se iba muriendo, me di cuenta de que todo lo que había vivido con él me convirtió en la persona que ahora soy. Su amor por mí fue muy complicado y no siempre lo entendí, pero al final pude salir adelante. Es más, he llegado muy lejos. Cada uno de los sueños que mi padre tenía para mí se hicieron realidad.

Mientras sostenía su mano y recordaba algunos momentos de mi vida con él, me hice la pregunta que a menudo pasaba por mi mente: Si yo hubiera sabido cómo iba a ser mi vida con él ¿lo hubiera seguido a El Otro Lado?

Por ti soy quien soy, pensé en el momento que él daba su último aliento, y sentí que la respuesta a mi pregunta era: Sí.

AGRADECIMIENTOS

Son muchas las personas a las que tengo que agradecerles por este libro. Primero, le agradezco a mi editora de Aladdin, Alyson Heller, por creer en mi historia y ayudarme a que llegue a los jóvenes lectores, para alentarlos e inspirarlos a cumplir sus sueños. Mi agente, Adriana Domínguez, de Full Circle Literary, por su valiosa guía y su amistad. A mis editores que trabajaron en el manuscrito original, Malaika Adero y Johanna Castillo. Soy muy afortunada de contar con este gran equipo, tanto en Atria como en Aladdin.

A Cory Rayala, mi maravilloso esposo, quien me dio un hogar estable y seguro para que yo pudiera desarrollarme como escritora, madre y esposa. A mis hermanas y mi hermano, Mago, Betty y Carlos, por ayudarme a llenar los huecos de mi memoria con sus propios recuerdos. Este libro no solo me pertenece a mí, también es de ustedes.

A mi padre, Natalio Grande, por enseñarme a ser independiente, trabajadora y, sobre todo, una soñadora en grande. Gracias por enseñarme a aprovechar todas las oportunidades que la vida me ha ofrecido.

A Diana Savas, mi consejera, mi profesora, mi amiga, mi heroína.

Y, finalmente, les agradezco a quienes leen mis libros, por acompañarme en este viaje.

Muchísimas gracias a todas y todos.